KB274877

우리는
이상한
회사에
다닌다

남 동 희 엮음

우리는 이상한 회사에 다닌다

매일경제신문사

이상한 회사는 사장이 직원들을 '선생님'이라고 부른다. 사장은 "절대로 회사를 위해서 일하지 말라"고 입버릇처럼 얘기한다. 회사 일보다 자기계발이 더 중요하다며 대학원 학비를 대주는 회사다.

아침에 일찍 출근하기만 해도 수당을 주는 이상한 회사는 떠나는 사람들을 위해 송별식이 아닌 선교사를 파견하듯이 '파송식'을 해준다. 그러고도 연간 매출이 2배씩 성장하는 신기한 회사다.

이 책에 나오는 이상한 회사는 한국리더십센터(KLC)를 가리킨다. 스티븐 코비의 세븐해빗을 비롯한 리더십, 코칭, 시간관리 등 한 교육서비스와 프랭클린 플래너가 주력품목이다. 이 회사의 직원들은 왜 그렇게 열광하고, 상상도 할 수 없는 일들을 자연스럽게 저지르는

특집프로에 홀린 케이스

2000년 4월 어느 날, 회사측이 명예퇴직을 접수했다. 하창호 대리는 첫 번째로 사표를 썼다. 다니던 보험회사가 다른 회사와 합병되면서 이미 예상했던 일이었다. 망설일 이유가 없었다. 이미 방향을 정했기 때문이다. 그리고 소위 실업자 상태에서 한국리더십센터(KLC)의 워크숍 과정에 등록했다.

거금 120만 원을 내고서 2박 3일 동안 과정을 밟았다. 과정을 이수하는 것도 중요했지만 더 중요한 것은 정보수집이었다. 3일 동안 강사들을 졸졸 따라 다니면서 KLC입사에 필요한 정보에 대해 끊임없이 질문했다. KLC의 직원인 강사들은 의외로 친절하게 정보를 알려줬다.

보험회사 7년차인 하 대리가 KLC에 홀린 것은 MBC특집 다큐멘터리로 방영된 '코비의 선물' 이라는 프로그램을 본 것이 계기가 됐

가. 이 회사를 움직이는 기본원리는 무엇인가.

여기서 말하는 '이상한' 이라는 말은 『성공하는 사람들의 7가지 습관』에 나오는 시간관리 매트릭스의 '제 2상한' 을 의미한다.

시간관리 매트릭스란 모든 일을 '긴급함' 과 '중요함' 의 두 가지 기준에 의해 4개의 영역으로 나누는 개념이다. 즉 1상한은 '긴급하고도 중요한 일' 2상한은 '긴급하지 않지만 중요한 일' 3상한은 '중요하지 않지만 긴급한 일' 4상한은 '긴급하지도 않고 중요하지도 않은 일' 을 말한다.

	긴급함	긴급하지 않음
중요함	I	II
중요하지 않음	III	IV

보통 긴급한 '3상한' 일에 매달리느라 시간과 에너지를 빼앗긴다. 그러나 장기적인 효율성과 생산성은 2상한에 해당하는 '긴급하지는 않지만 중요한 일' 을 얼마나 하느냐에 달려 있다.

7가지 습관이 몸에 밴 이상한 회사의 이상한 사람들은 언제나 회사일과 자기계발의 원-원을 모색한다. 2상한 활동은 미리 계획하고, 준비하고, 예방하고, 관리하는 것이다. 이 '이상한 신드롬' 이 우리 사회에 확산되었으면 하는 바람에서 이 책이 기획됐다.

내가 KLC의 놀라운 힘을 처음 접한 것은 2000년 2월 말 김경섭 박사가 직접 진행하는 2박 3일 7Habits 과정에 참석하면서였다. 나는 그 훈련을 계기로 내 인생의 로드맵을 새로 그리게 된다. 20년 가까운 기자생활을 조만간 마감하고 대학교수의 길을 가야겠다는 생각을 그 때 처음으로 하게 된 것이다.

KLC의 역동적인 기업문화에 완전히 사로 잡힌 것은 불문가지다. 매경출판의 출판부장으로 책 만드는 일을 하게 되면서 '이상한 회사'에 대한 기업스토리를 써볼 생각을 하게 된 것은 자연스런 일이었다. 그러던 중 김경섭 대표와 김미선 사장, 고현숙 부사장, 서정희 팀장 등이 참석한 기획회의를 계기로 출판계획은 급물살을 탔다. 김 박사는 '자화자찬'이 되지 않도록 해달라고만 당부했다.

목차를 잡고 장을 나누는 작업이 곧바로 진행되었고 꼭지별로 집필자를 배정해서 글을 받았다. 집필자는 전원 KLC의 현직 임직원들이다. 집필자들을 직접 인터뷰하면서 원고를 재정리하는 방향으로 진행됐다. 10명이 대면 인터뷰를 했고 나머지는 전화통화로 대체했다.

고현숙 부사장, 김진혁 전문위원, 김선경 주임, 최규문 실장, 엄명종 성도사, 홍순옥 차장, 신유아 주임, 이재석 대리, 하창호 팀장, 임정희 선생, 손민희 대리, 이성록 과장 등 열다섯 분이 집필과 인터뷰에 직접 참여했다. 이 분들의 정성과 노력이 이 책을 엮어내는 원동

력이 됐다. 서정희 팀장은 이 책의 기획에서부터 진행까지 전 과정을 따라잡았다.

　미진한 부분이 있어서 아쉬움도 많지만 우여곡절 끝에 책이 나오게 된 것은 전적으로 집필에 참여한 분들 덕분이었다. 제작과정 자체만으로도 우리 모두는 색다른 자신감을 경험했고 또 다른 성취감을 맛보았다. 참여자들의 노고에 진심으로 감사의 마음을 전해 올린다.

남동희

...감사의 글

CEO들을 대상으로 하는 워크숍에서 강의를 할 때마다 우리 회사의 독특한 문화와 직원들의 주도적인 태도에 대해서 감탄하며 그 비결이 무엇이냐고 묻곤 한다. 원칙중심의 리더십에 바탕을 두고 7가지 습관을 실천하려고 노력하는 사람들이 모였기에 그렇다고 이야기하지만, 그 때마다 언젠가는 한국리더십센터의 조직문화에 대해 소개하고 싶다는 생각을 했다.

그런데 이 일을 CEO인 내가 아니라, 우리 직원들이 해냈다. 이 책은 전적으로 우리 직원들이 스스로 기획하고 진행한 그들의 작품이자 이야기이다. 그래서 더욱 값지고 소중하다.

평생 리더십이라는 것을 모른 채, 권위적이고 가부장적인 사장

노릇을 하면서 아버지, 남편 노릇을 하다가 미국에서 스티븐 코비 박사를 통해 〈성공하는 사람들의 7가지 습관〉 워크숍을 접한 후 느꼈던 충격은 내 삶에 코페르니쿠스적 전환을 안겨주었다.

그간 나는 사이비 사장이자 돌팔이 아버지, 남편이었다는 깊은 자책과 반성을 통해 진정한 리더십과 인생경영이 무엇인지를 깨닫고 그 어떤 사명감에 불타 무작정 한국리더십센터를 시작했다. 그리고 10여 년이 지난 지금에 이르렀다.

그간 많은 시행착오와 성공이 교차했다. 여러 사람들이 한국리더십센터와 함께 일했고 다양한 사건과 도전들이 우리를 기다리기도 했다. 개인과 조직에 리더십을 전파하는 우리 조직도 갈등과 위기를 비껴갈 수 는 없었다. 그러나 갈등과 위기 그 자체가 문제가 아니었다.

그것을 어떻게 주도적이고 지혜롭게 풀어나가느냐에 따라 성공의 여부가 달려있었고. 승승의 정신, 주도적 태도, 경청 등이 조직 안에서 일상의 문화로 자연스럽게 자리 잡아 갈 때 강력한 힘을 발휘한다는 것도 실제로 함께 경험해왔다. 이는 직원들이 CEO마인드로 일했기에 가능했던 일이다.

내가 CEO로써 했던 일은 직원들이 결정을 하면 따라 주고 격려해 주는 것이었다. 문제가 너무 복잡하여 혼동되고 대응 방법이 막연하다고 하면 우리가 가르치는 내용을 실천 하는 결정, 누가 생각해도 옳고 독특한 해결책을 찾아 언젠가 누가 우리 회사에 관한 책을 쓰

자고 할 때 이야기꺼리가 되는 아이디어들을 내보자고 권한 것뿐이
었다.

　이 자리를 빌어서 한국리더십센터에서 함께 동고동락하며 비전
과 사명을 세우고 원칙중심의 리더십을 한국사회에 전파하기 위해 많
은 아이디어를 내고 땀을 흘리며 노력한 전·현직 직원들에게 깊은
감사를 드린다. 그들은 모두 내 인생의 파트너이자 스승이다.

　마지막으로 한국리더십센터의 여러 워크숍을 접하고 나서 자신
의 삶을 변화시키고 조직과 사회에 진정한 리더로 우뚝 서서 성공하
는 삶을 살아가는 우리의 고객들에게도 마음에서 우러나오는 감사와
존경의 마음을 보내고 싶다.

한국리더십센터 대표

김경섭

...목 차

이상한 사람들

이상한 고객들

이 상 한 회 사

1

이 상 한 회 사

절대로 회사를 위해 일하지 말라

만일 내가 진정으로 어떤 상황이 개선되기를 원한다면,
내가 통제할 수 있는 단 한 가지, 즉 나 자신에게 초점을 맞춰서 노력해야 한다.
습관 1. 자신의 삶을 주도하라

KLC인들은 '절대로 회사를 위해 일하지 말라'는 말을 자주 듣는다. 듣기에 다소 거북하게까지 느껴지는 이 주장의 근원지는 다름 아닌 이 회사 CEO인 김경섭 박사다. 그는 기회가 있을 때마다 직원들에게 "회사를 위해 일하지 말고 자신을 위해 일하라"고 강조한다. 자신의 성공을 위해서 일하고, 자신의 미래를 위해서 일해야지 회사를 위해 뼈가 부서지도록 일하겠다는 태도는 사절이다.

그렇다고 KLC 직원들이 슬슬 놀아가며 일할까? 오히려 어느 회사보다 열성적으로 일하는 직원들이 넘쳐난다. 다른 직장에서 온 경력직원들이 놀랄 정도로 업무강도가 세다.

'나는 모든 것을 포기하고 오로지 회사를 위해 몸 바쳤으니 회사가 내 청춘을 책임져라'는 의존적인 태도는 절대사절이다. 경영진이나 직원이나 동등하게 함께 일하고 시너지를 냄으로써 직원에게도 승이 되고 회사에도 승이 되는 것이 목표다.

이른바 승-승(win-win)의 정신이다. 어느 한쪽만 이기고 상대방은 지는 승-패의 관계는 결국 희생당하는 쪽의 원망과 분노가 축적되어 모두의 패-패로 귀결될 수밖에 없다. 그런데 어떻게 해야 직원도 승이 되고 회사도 승이 될까. 직원들이 일하고 월급을 받아가는 것만으로는 승이라고 하기 어렵다.

최근 조사에서 신세대들이 가장 원하는 직장의 상은 '월급을 많이 주는 회사'가 아니라 '자신을 성장시켜 주는 곳'이라고 한다. 이 회사에서는 직원들이 스스로 성장할 수 있는 경력개발의 기회를 제공하기 위해 노력한다. 직원들이 업무를 열심히 하되, 거기에 매몰되어 버리지 않도록 다양한 방식으로 지원한다.

직원이 강사가 될 수 있도록 지원하고 업무시간에 한 강의에 대해서도 적지 않은 강사료를 따로 지급한다. 대학원이나 상급학교에 진학하면 4학기에 걸쳐 학기 당 300만 원의 장학금을 준다. 영어 회화 학원에 다녀도, 헬스클럽에 등록해도, 심지어 영화나 공연을 봐도 돈을 지원한다. 책을 사서 봐도 책값을 지원한다.

일에만 치여서 건강이나 가족을 소홀히 하지 않도록 가족 관련 일이면 최우선적으로 배려하고, 회사 차원에서 '가족의 소중함'을 따로 교육한다. 직원들이 소모되지 않도록 건강관리에 회사가 돈을 쓰고 매주 독후감을 발표하도록 한다.

끊임없이 회사가 개인의 성장을 지원하는 일은 제도도 중요하지만 마인드가 뒷받침되지 않으면 사실 효과가 없는 법이다.

휴가 제도가 있어도 상사 눈치를 보느라 못쓴다면? 말로는 가족이 가장 소중하다 하면서도 가족의 일 때문에 나가야 할 때 눈총을 받는다면? 대학원 교육비는 지원하지만 일찍 퇴근할 때마다 기분이 찜찜하다면?

다행히 이 회사는 눈총 대신 부러움을 받는다. 전 직원회의에서 대학원에 합격했다고 축하를 받고, 상사로부터 도와주겠다는 격려를 받는다.

'그럼, 회사는 뭐 먹고 사냐?' 는 질문이 나올 수 있다. 그러나 놀라운 것은 이런 제도를 운영하는 회사가 남들이 문을 닫고 사업을 축소하던 IMF 때 200% 성장했다. 이후 불황기가 연속되었음에도 매년 150~160% 성장을 이어가고 있다는 것이다.

어디에 그 비밀이 있을까? 승—승의 관계는 물론 회사에도 승이 되어야 한다. 직원이 회사가 주는 각종 혜택만 누리면서 회사에 결실을 가져다주지 못할 경우 회사는 패, 직원이 승이 되므로 이것 드한 문제다. 그래서 이 회사는 누구나 1년에 한 번씩 회사와 자신 간에 승—승합의서(Win-win agreement)를 작성한다.

여기에는 자신이 어떤 승을 회사에 가져다 줄 것인지, 또 자신은 어떤 승을 누릴 것인지가 상세하게 기록된다. 직원이 책임지는 것은 결국 이 승승합의서이다. 따라서 누구의 눈치를 볼 일이 아니다. KLC의 독특한 문화와 제도가 뿌리를 내리고 있는 정신은 바로 이 승—승의 정신이다.

다. 포항지점에 근무하던 하 대리는 본사에서 보내온 공문에 따라 이 프로그램을 시청했다. 그 방송 중간에 본사의 새로 지은 연수원이 나오기 때문에 시청지시가 있었던 것이다.

당시 회사에서 교육을 담당하고 있던 하 대리는 이 방송을 보면서 전율을 느꼈다고 한다. 자신이 그렇게 하고 싶어하던 교육과 관련된 일들을 KLC에서 고스란히 하고 있었기 때문이다. 자신의 일상을 지배해왔던 것들이 한꺼번에 무너져 내리는 놀라운 경험을 했다. 그리고 1시간짜리 방송이 끝날 즈음에는 마음이 천근처럼 무거워졌단다.

하 대리는 이후로 KLC의 홈페이지에 하루에도 수십 회씩 접속하는 열렬한 팬이 됐다. 며칠을 끙끙거리며 마음앓이를 하다가 마침내는 그 회사에 입사해야겠다는 생각을 하게 된 것이다.

첫 번째로 명예퇴직 사표를 내고

사표를 낼 때는 이미 병이 많이 도진 상태였다. 상상 속에는 이미 KLC에 입사한 것이나 다름없었다. 그래서 사표를 내면서 "나는 KLC로 옮겨간다"고 동료들에게 큰소리를 치고 나왔다.

그래서 수립한 것이 KLC 입사를 위한 3단계 전략. 철저한 준비와 기획, 빈틈없는 실행 그리고 불타는 열정으로 시작된 3단계 입사 전략은 한시도 하 대리를 가만히 내버려두지 않았다. 그 첫 번째가 입사를 위한 정보를 모으고 구체적으로 알아보는 것.

하루에도 수십 번씩 홈페이지에 접속하면서 이미 KLC의 직원이 된 것처럼 그들과 똑같이 생각하고 행동해보려고 자신에게 최면을 걸었던 일. KLC 관련 책은 물론 어렵게 찾아 스크랩한 언론사 자료들을 뒤적이면서 스스로 다짐했던 시간들. 자료 하나를 열 번도 더 읽어보면서 깊은 생각에 빠진 나날들. KLC에 교육신청을 위해 처음 전화를 걸었을 때 녹음된 안내 멘트를 듣고 가슴이 두근거리던 일. 소중한 것 먼저하기 과정을 참가하면서 과정보다는 KLC직원들이 앉아있던 자리에 마치 자신이 앉은 것처럼 착각했던 순간들.

입사를 위한 중요한 2단계 전략적 거점(?)이 되었던 5월. 3일간의 '성공하는 리더들의 7가지 습관 워크숍'은 실제적인 입사정보의 보고가 됐다.

끊임없는 홈페이지 접속에서 1명의 결원을 채우기 위해 낸 모집공고를 만나게 된다. 그러나 조건 3가지가 마음에 걸린다. 토익 800점 이상, 컴퓨터 가능, 운전면허. 이 중에서 제대로 하는 건 운전밖에 없었다. 일단 서류전형을 통과하기 위해 고민하던 끝에 영어능력에 '중상'을 적고, 컴퓨터는 '완벽'이라고 적었다. 서류전형은 통과했지만 면접이 문제였다. 10일간의 준비기간에는 자면서도 질문하고 답변하는 꿈을 꿀 정도로 오로지 매달렸다.

영어실력에 대한 질문에는 "뽑아주기만 하면 1년 내에 완벽하게 하겠다"고 씩씩하게 대답했다. 컴퓨터는 3개월만 여유를 주면 '도사'가 될 수 있다고 했다.

자기소개서 맨 위에 적은 'I have a dream' 처럼 면접관들 앞에서도 하 대리의 열정은 식을 줄을 몰랐다. 마지막 단계로 준비한 것이 워크숍에 참가하면서 받았던 이름만 적힌 명패. 그 명패의 비워있는 회사란에 KLC를 꼭 적어 넣고 싶다고….

그로부터 몇 주 뒤 하 대리는 KLC에서 갖고 싶었던 책상과 명함을 가지게 되었다. 나이가 많고 실력도 없으며 사투리가 심했던 하 대리는 그의 열정을 높이 산 어느 팀장의 열렬한 지지를 얻어 입사가 결정됐다. 입사에 실패하면 하 대리는 회사 문 앞에 드러누워 버리겠다는 각오까지 했단다. 인생의 조력자인 아내는 입사시험에서 탈락할 것에 대비해 KLC 대표에게 보낼 '탄원서'까지 준비했다고 한다. KLC가 하 대리를 안 뽑았으면 큰일날 뻔했다.

아내의 탄원서 준비

어느덧 4년하고 반이 지났다. 그는 지금 정부와 군, 시민단체 등 공공기관의 교육컨설팅 책임을 맡고 있다. 처음 생각했던 것보다 훨씬 더 성장해버린 자신의 모습을 지켜보며, 또 다시 새로운 꿈을 만들어 가고 있다. 그는 지금 또 미칠 준비를 하고 있는 것이다.

왜냐하면 얼마 전 평생하고 싶은 일들을 찾았기 때문이다. 교육컨설턴트로 일하고 있는 하창호 씨는 성품과 역량을 갖춘 여성리더십 전문가가 되는 것이 꿈이다. 남자이지만, 여자보다 여자를 더 잘 아는 여성리더십 전문가가 되겠다는 것이다. 요즘도 후배들에게 이런 이야기를 하곤 한다. 자기가 진정으로 원하는 일이 있다면 미쳐보라고….

하창호 씨에게는 이렇게 미치도록 돌진했던 전과(?)가 몇 번 더 있다. 하고 싶은 일이 있으면 고민해서 전략을 세우고 그리고 밀어붙인다는 것이다.

첫 경험은 전국 대학생 논문공모전 때. 신한은행이 주최했던 공모전의 그 전해 최우수 수상자를 추적해서 김포지점까지 찾아갔다. 응모요령은 물론이고 논문작성의 노하우까지 전수받아서 포항으로 내려갔다. 결과는 가작에 그쳤지만, 이때 그는 '미쳐야 미친다'는 사실을 처음으로 체험했다.

다음 전과는 지금의 아내에게 과감히 도전했던 일이다. 은행 창구에 근무하는 어여쁜 아가씨에게 첫 눈에 반한 그는 나름대로 전략을 세우고 실행에 나선다. 꽃집 아줌마를 시켜서 매일 으후 3시에 배달한 꽃바구니. 회사 퇴근시간까지 조정해서 길목을 지키던 일. 수없이 퇴짜를 맞고도 끝없는 도전으로 상대방 마음의 문을 열었으나, 장모님의 완강한 반대에 부딪쳐 난파 직전까지 갔었다. 브험회사가 싫다는 장모님의 뜻을 받들어 회사를 그만두고 제조업체로 직장을 옮기기까지 했다. 그러다가 아파트 분양권을 내보이고서야 겨우 장모님의 승낙을 받고 다시 보험회사로 복귀하는 우여곡절을 겪었다. 이렇게 맺어진 아내는 현재 하창호 씨의 가장 열렬한 지지자이자 협력자로 맹활약 중이다.

치열한 입사경쟁, 다양한 입사 방법

자기 자신을 어떻게 생각하는지가 다른 사람이
당신에 대해 어떻게 생각하는지 보다 훨씬 더 중요하다.

헨리 데이비드 소로우

KLC가 젊은이들 사이에 은근히 알려지면서 입사경쟁도 갈수록 치열해지고 있다. 반도패션의 점장 출신인 이재용 선생은 회사에서 실시하는 교육 프로그램에서 7가지 습관을 접하고는 전향한 케이스다. 3번의 낙방 끝에 4번째 겨우 입사한 이 선생은 KLC의 교육내용과 비전에 반해서 잘 나가던 유통회사의 점장직을 팽개치고 건너왔다.

이 선생은 대학시절 교수나 학교 선생이 되겠다는 꿈을 가지고 있었으나 아버지의 사업이 부도나는 바람에 바로 취업일선으로 내몰렸다. 최연소 점장으로 있으면서 KLC의 고품질 서비스 교육을 받은 것이 새로운 눈을 뜨는 계기가 되었다.

산업교육을 통해서도 선생이 될 수 있겠구나 하는 것을 깨닫게 된 것이다. 모교 총장님의 요청으로 후배들 앞에서 강의를 하고 나서는 결심을 굳히고 마침내 사표를 낸다. 그러나 KLC의 모범사원에 응시해 탈락하고 만다.

영어실력이 모자라서 그런 줄 알고 퇴직금으로 캐나다 어학연수를 떠났던 이 선생은 그 뒤에도 두 차례나 더 쓴잔을 마신 끝에 최근 경력사원으로 KLC에 입사했다. 회사에서는 물론이고 출퇴근 할 때도 명찰을 목에 걸고 다녀서 유명해졌다.

지금은 영업관리 팀에서 일하고 있지만 언젠가는 강단에 서는 것이 이 선생의 꿈이다. 돈과 관계없이 가장 좋아하는 일을 하는 것이 가장 의미 있는 일이라고 여기기 때문이다.

이석휘 팀장은 김영사에서 실시한 『성공하는 사람들의 7가지 습관』의 독후감 공모에서 1등으로 당선된 인연으로 KLC에 합류했다.

독후감 응모 당시 그는 병상에 있었다. 직장에 다니고 있었지만 그 후에 7가지 습관의 동호인 클럽에서 강의를 하면서 여러 곳으로부터 입사제의를 받았다. 교육 프로그램을 듣고 반해서 KLC에 입사했고 새로운 아이디어로 청소년 대학 프로그램을 김 박사에게 제안해 오케이를 받아냈다.

교육 컨설턴트로 2003년부터 모교인 성균관대와 숙명여대, KAIST, 항공대 등에 7가지 습관 프로그램을 심어나갔다. 이들 대학에서는 7가지 습관이 교양필수나 선택과목으로 정식 채택되어 거의 전원이 수강하는 인기 강좌로 자리를 잡아가고 있다. 이 팀장은 평소 꿈이 모교에서 강의를 하는 것이었는데 KLC를 통해서 그 꿈이 완벽하게 실현되었다. 지금 모교의 겸임교수를 맡고 있기 때문이다.

투병 중에 장기를 2개나 잃었다는 이 팀장은 자기가 원하는 일을
하고 있다는 사실이 무엇보다 즐겁고 행복하다고 했다.

우린 아직 데이트 중

이건 또 무슨 소린가. 3개월 피드백이라니. "내가 말했던가요? 우리 회사는 3개월이 지나면 전 직원에게 피드백을 받는데 피드백을 잘못 받으면 다니고 싶어도 더 못 다닌다는 거… 면접 때 얘기했죠?" 팀장의 멘트가 심상치 않다.

면접 당시 7시부터 시작되는 월요회의 얘기도 참 특이하구나 싶었는데, 3개월 피드백은 또 무엇인고. 이것을 어떻게 받아들여야 하는 걸까. 그냥 회사 문화의 한 부분이라고 생각하기에는 너무 절박했다. 회사를 다니고 말고 하는 문제라면 경제적인 문제, 봉급이 걸려있다는 얘기인데, 도대체 3개월 피드백이 무엇일까.

신입사원이 입사하면 당연히 수습기간을 거치게 된다. 보통 3개월간의 수습기간을 거치게 되어있다. 3개월 동안이면 새로운 환경에 어느 정도 적응 할 수 있게 되고 신입사원은 이 기간 동안 업무능력을 발휘하기보다는 회사의 분위기에 적응하는 것에 중점을 두게 된다. 3개월의 수습기간이 끝나면 그때서야 정식 직원으로 인정받는 것이 보통이다. 이것은 일반적인 경우다. 한국리더십센터도 여기까지는 별다른 점이 없었다.

문제는 3개월 근무가 끝난 뒤 며칠 간이다. 3개월이 지난 신입사원은 전 직원에게 평가를 받게 되어있다. 객관적인 너무나 객관적인 평가를 받게 된다.

3개월 피드백에서는 잘하고 있는 점과 개선할 점을 나누어 쓴다. "전문성이 탁월하다, 다른 사람의 의견을 존중한다, 약속을 잘 지킨다, 적극적으로 업무에 임한다" 등 아주 구체적이다. 개선할 점에도 "지각이 잦다, 사적인 통화가 지나치다, 고객에 대한 서비스 자세가 부족하다, 시간관리가 잘 안 된다" 등 날카로운 지적이 많다.

업무적인 능력은 어떤지, 맡은 업무를 무리 없이 처리하기에 적합한지, 업무는 실제로 잘 처리하고 있는지 등등의 회사업무적응과, 개인적인 성품은 어떤지, 우리 회사에 맞는 성품을 갖추었는지, 어떤 점이 마음에 걸리는지, 또 고쳤으면 하는 부분은 없는지 하는 것들을 꼼꼼하게 점검하게 되는 셈이다.

직원 전원이 참여해서 3개월 동안 함께 지나오며 느낀 모든 것을 객관적으로 솔직하게 적도록 되어있다. 무기명으로 작성되는 이 보고서는 나중에 본인이 받아보게 된다.

여기서 가장 심각한 질문은 '예, 함께 일하고 싶습니다'오 '아니오, 함께 일하기 곤란 합니다' 중에서 선택을 해야 한다는 점이다. 예

의 상 그냥 선택해주는 일은 없다. 함께 일하기 곤란하다고 느끼면 곤
란하다고 솔직히 말하고 그래서 함께 일하기 곤란하다는 표가 많이
나온 경우에는 그 직원이 회사를 떠나야 한다. 실제로 그런 일이 있었
다고 한다.

새로 온 사람만 평가를 받는 게 아니다. 회사도 새 사람으로부터
피드백을 받는다. 3개월 기간을 마칠 때 회사가 잘하고 있는 점과 개
선할 점을 자유롭게 써서 경영진에 낸다. 한 번은 입사자 두 명이 회의
방식에 대해 문제가 있다고 피드백 했다. 그러자 경영진은 이 두 사람
을 포함한 TFT를 구성하여 회의개선안을 내도록 했다. 문제를 제기한
사람이 의욕을 가지고 직접 해결안을 만들어 보도록 한 것이다. KLC
인들이 혹 떼러 갔다 혹 붙이고 돌아온다고 부르는 바로 그 케이스다.

이 제도의 진정한 의미는 사람을 내보내기 위한 것이 아니다. 전
직원이 새로 들어온 새내기에 대해 관심을 가지고 평가를 하고, 또 본
인은 그 과정을 통해서 자신도 미처 몰랐던 자신의 모습을 새삼 추스
려 볼 기회를 갖는 것이다.

새로운 사람과 사귀는 데이트 기간을 갖는다는 것이고, 그 기간
동안에는 특히 기존 직원들이 새내기에 대해 각별한 애정과 관심을
가지고 지켜보고, 도와주고, 격려해주라는 뜻이다. 마치 '새로 사귄
애인'과 데이트를 하듯이 설레임을 가지고 말이다.

승승합의

플래너 그룹은 부서원 전원이 2년 연속 해외여행을 다녀왔다. 업무성과에 대한 포상휴가를 다녀온 것이다. 최근에는 컨설팅그룹의 한 팀이 일본여행을 다녀왔다.

포상휴가는 '승승합의'에 따른 것이다. 그렇다면 승승합의란 무엇인가. 회사와 직원이 모두 이기는 계약이라는 뜻이다. 즉 양쪽이 모두 승리(勝利)하기로 합의했다는 뜻에서 승승합의라고 이름이 붙었다.

직원과 회사와의 승승합의는 직원과 회사 모두에게 이익이 되는 내용일 수밖에 없다. KLC에서는 회사와 직원 간에 승승합의서를 작성한다. 매년 작성하는 이 계약서에는 한 해 동안 직원이 회사에 기여할 내용과 회사가 직원에게 주어야 할 것이 분명하게 서술된다.

승승합의의 취지는 회사와 직원이 서로 동등한 지위에서 서로의 승(勝)을 위해서 노력하기로 합의하는 계약이다. 그래서 일단 계약이

성립되면 서로가 서로의 승을 위해서 노력하게 되어있다. 회사는 직원이 약속한 부분을 이행할 수 있도록 자원을 최대한 제공해주고, 직원은 당연히 회사의 승을 위해 노력해 나가는 것이다. 회사는 직원과 약속한 승승합의를 통해서 회사의 목표를 달성할 수가 있고, 직원은 회사의 목표를 이뤄내는 데 공헌했기 때문에 그 결과에 대해 회사로부터 포상을 받게 된다.

KLC에서는 승승합의를 해야 한다거나 승승합의 중이라는 얘기를 자주 듣게 된다. 연간 계약형식을 맺을 뿐만 아니라 분기별로 평가가 이뤄지기 때문에 자주 승승합의를 거론하게 되는 것이다. 승승합의는 회사에서 정해놓은 양식에 따라 연간 목표뿐만 아니라 실행을 위한 세부사항도 구체적으로 적도록 되어있다.

물류팀에서 근무하는 이재석 대리는 물류안정화를 목표로 잡고, 우선 물류 프로세스를 개선하는 구체적인 세부사항들을 합의서에 적었다. 그리고 이를 통해 구체적으로 매출에 대한 물류비용의 비율을 4.5% 선까지 낮추겠다고 합의했다. 그래서 프로세스 개선을 달성할 경우와 비용절감 4.5%를 달성했을 때 각각 50%의 보너스, 합계 100%의 보너스를 승승합의의 조건으로 제안해 회사 측의 합의를 얻어냈다. 분기별 평가와 업무조정을 통해서 비용절감은 달성했지만 시스템구축에는 다소 문제가 생겨 현재 프로세스 변경작업을 추진 중이라고 한다. 50% 보너스는 확보했지만, 나머지 50%는 이번 시스템 변경작업이 마무리 되어봐야 결과가 나올 것이란 전망이다. 이 과정에서 회사 측은 창고공간을 내놓고 추가인력을 지원해 줬다.

승 승 합 의 서

▶ KLC/PIIK : 성과향상실 김○○

▶ **기대성과**
1. 차별화 된 워크숍 진행과 고객 실천관리
2. 성향실원 Up grade 프로젝트
3. 청소년(ILT) 프로젝트에 참여/기여
4. Living the 7H 발간준비에 기여
5. 7H Club의 효과 강화
6. CCUI Korea 프로젝트에 참여/기여
7. 개인역량 강화

▶ **실행지침**
1. 고객들의 실천관리에 최대의 노력을 기울인다.
  1-1.31361 system 정착시키기(3일, 1달, 3개월, 6개월, 1년)
    -워크숍 3일 후 통화 :워크숍 반응과 개선에 대한 인터뷰 실시
    -워크숍 한 달 후 : 기존의 3주 모임 참석율 70% 달성
                      메일링 7회.
    -워크숍 3개월 후 : 편지 발송 및 Level3(참고1)
                      설문지 메일발송
    -워크숍 6개월 후 : 엽서 발송(제작 필요)
    -워크숍 1년 후 : 편지발송 -감사,격려 내용,
                    7H 클럽 연회원 신청서
  1-2. 월 2건 이상 워크숍 개선안 제안 및 실행 : 성향실 공유
  1-3. 이를 통해 구전으로 인한 매출 발생에 기여하고 분기별 보
      고한다.

2. 신입직원들의 업무역량 강화와 모범 학습조직으로 인정받기
  2-1. 주1회 1시간 정식 코칭 : 2명
    -부서적응, 기본업무 수행능력 향상, 비전 및 목표수립 기대
  2-2. 팀내 학습조직 구성하여 HRD 담당자 역량 강화

: 문제해결능력 강화하여 고객서비스 향상
  -성향실 내 자원자 대상 근무외 시간 1시간 30분 활용
  -성향실 2003년 부서내 학습계획 수립(2월) : 참고자료2
  -HRD 담당자역량 강화과정 참석→3인학습
  -효과 : 업무수행능력 향상 및 개인비전 수립 및 실행

3. ILT 프로젝트 : 청소년+대학생+태평로 청년 리더십
  -프로세스 및 컨텐츠 개선,워크숍 진행과 강의
    : 월1회 정기미팅
  -청소년과 대학생 관련정보 체계적,조직적 수집
    : 대학 출강 FT분께 도움 주기(ILT회원 전체)
  -누적기수의 Follow up 아이디어 개진 및 추진
    : 가칭 [7h 청소년 리더십 페스티벌] 1일과정 개최

4. Living the 7H 발간준비에 기여
  4-1. 참고자료3

5. 교육생에 대한 follow up의 장으로서의 기능
  5-1. www.eklc.co.kr 메인 페이지에 7H Club 버튼 생성
    : 클럽에 대한 기본 정보와 활용(참고자료4)

6. CCP R&D, Coaching Clinic 프로그램 정착 및 R&D에 기여
  6-1. CCP 김범진 대리를 도와 R&D에 기여한다.
  6-2. Coaching Clinic 과정을 진행하며, 개선안을 낸다.
    : w/s 당 2건이상

7. 자기계발 관련
  7-1. Coaching : CCP 참석 / 성향실원 Coaching(주1회) /
    코칭클리닉 진행
  7-2. 영어 : 토익 800점(현재 700점 수준), 1000단어(하루3개)
  7-3. FT : 청소년 강의 / 7H FT 참석 / 플래너 설명회(하반기)
  7-4. 심리상담 대학원 입학 : 하반기
  7-5. HR 담당자 역량강화과정 참석 : 전반기
  7-6. 독서 100권 : 코칭관련 18, 심리상담관련 12, 역사 10, 사

상 5, 전기 5, 문학 10, 리더십 10, HR 10, 경제경영 10,
기타 10

가용자원

KLC / PIIK 임직원 및 FT, 고객분들과 7days 가족

성과확인

매분기별 승승합의 평가 및 실행사항 제출, 개선안 마련

손익결과

1. 성향실 전체 보상 개념
2. 팀과 회사에 기여 동시에 3인학습 통한 HRD 역량강화
3. 청소년과 대학생 과정에 기여 동시에 개인비전 강화
4. 책 발간으로 인한 자부심 증대.(공동 엮은이가 된다)
5. 7H Club 효과 향상으로 고객만족→KLC 위상 상승으로 인한
   자부심.
6. KLC 기여 및 코칭 스킬 강화
7. Coaching 및 HRD Manager로서의 역량강화
8. 승-승 합의에 따른 성과의 미 달성, 초과 달성 여부는 매분기말
   회사와 나 자신이 평가하고, 이에 따른 급여 인상 및 삭감은 개인
   별로 회사와 승승합의시 결정한다.

위의 사항에 대하여 성실히 이행할 것을 약속하며
아래와 같이 서명합니다.

년   월   일

대   표 : 김 경 섭 (인)   대   리 : 김 ○ ○ (인)

승승합의의 개인 포상부분은 꼭 금전적인 보너스가 아닌 경우가 많다. 본인이 원하는 해외여행이 될 수도 있고 최신 모델 노트북을 포상으로 요구해도 된다. 대학원 학비 전액을 지원해달라는 요청도 있었다.

이런 승승합의를 통해서 직원은 동기부여를 얻게 되고, 이를 통해 더 나은 성과를 만들어 내기 때문에 회사와 개인 모두에게 승이 된다.

윈-윈 파트너십, 성도사 제도

세상에서 가장 아름다운 것은 무엇일까? 살아가면서 그 누군가에게 그 무엇이 되어 살아간다는 것만큼 아름다운 것은 없다고 한다. 우리는 또 다른 사람에게 그 무엇이 되기 위해서는 자신어게 주어진 시간을 소중히 여기고 최선을 다해야 한다. 괴테는 "꿈을 계속 가지고 있으면 언젠가는 반드시 그것이 실현될 때가 온다"고 했다.

성도사는 '성공을 도움 받는 사람' 의 줄임말이다. 이 제도는 모범사원 제도가 발전한 것이다. KLC가 원칙중심의 리더십을 통해 고객들에게 신뢰를 구축해 나가게 되자 많은 사람들이 KLC에서 일할 수 있기를 요청해왔다. 규모가 큰 회사가 아니라서 채용은 한계가 있는데, 꿈을 가진 사람들에게 열려 있는 도전의 기회가 바로 성도사이다. 성도사라는 제도는 2003년 9월에 입사한 모범사원 4기들이 주도적으로 만들어 낸 것이다.

풀타임 직원이 아니더라도, 자신들이 지닌 비전을 실현시키면서 회사에도 기여하고자 계약관계를 맺은 것이다. 회사는 회사의 사명에 부합하고 조직과 개인의 비전이 한 방향으로 정렬된, 유능한 인재를 확보하는 이득을 얻게 됐다. 성도사는 2년이라는 기간동안 회사와 승-승 패러다임을 가지고 본인의 꿈을 실현하기 위해 KLC의 도움을 얻는다는 것이다.

계약 조건 상 2년 뒤에 성도사는 반드시 정직원이ᄂ 퍼실리테이터(Facilitator : 강의를 통해 다른 사람이 변화할 수 있도록 촉매역할을 해주는 촉진자)가 되거나, 성도가(성공을 도와주는 가게) 사장 중 하나가 되어 성공을 입증해야 한다.

개인 사업자로서의 자격을 갖는 성도사는 정직원들과 함께 파트너십을 갖고 근무를 한다. 몇 가지 특징을 말하자면, 성도사는 월 13일간 의무근무를 해야 되며, 의무근무 시간 외에는 자유롭게 강의를 하거나 자신의 비전과 관련된 시간을 가질 수 있다. 성도사는 퍼실리테이터로서 자질을 배양하기 위해 회사의 모든 교육 프로그램을 우선적으로 수강할 수 있다. 회사는 또 성도사들의 성공을 돕기 위해 강의는 물론 강의진행일에 우선적으로 성도사에게 기회를 주고 있다.

이 제도는 바로 KLC가 지향하는 이른바 사명서에 기초한 제도라고 할 수 있다. "원칙중심의 리더십을 통해 개인과 조직의 성공을 돕는다"는 KLC의 사명과 일치하기 때문이다. 여기서 말하는 개인은 KLC가 고객으로 모시는 외부 고객뿐만 아니라 내부 고객인 직원들에게도 적용된다. 만약 회사가 영리를 목적으로 회사의 이득만을 생각했다면 이런 제도는 생각할 수도 없었고 만들어지지도 않았을 것이다.

KLC가 7가지 습관(7 Habits)을 외부에 전파하는 회사이면서도 이것을 내부적으로 실천하려는 의지와 노력이 있었기 때문에 성도사 제도가 탄생할 수 있었다.

엄명종 성도사는 '이 땅의 모든 청소년들이 자신들의 꿈을 발견할 수 있도록 돕고, 그들에게 아름다운 문화 공간을 만들어 주는 것'이 꿈이다. 그는 앞으로 2년 뒤에 성도카페(성공을 도와주는 카페)의 사장이 되는 것을 목표로 회사와 계약을 했다. 다른 사람들과 달리 통상적인 계약조건을 무시하고 스스로 주도적으로 회사에 제안을 한 것이다.

엄 성도사의 개인적인 사명을 회사 측이 받아들여서 승—승할 수 있도록 합의하고 그 사명을 성공적으로 이룰 수 있도록 기회를 주고 있는 셈이다. 청소년들이 즐겨 찾고 자신들 안에 있는 '꿈을 발견할 수 있도록 도와주는 카페'를 설립하기 위해서 그는 지금 유통의 전반적인 프로세스를 공부하고, 청소년들을 보다 효과적으로 도울 수 있는 코칭스킬을 익히고 있다.

반면에 회사는 민들레 영토라는 카페에서 근무한 엄 성도사의 경력이 훗날 '성공을 도와 주는 카페'를 세울 수 있을 것이라는 신뢰를 가지고 계약을 한 것이다

이렇듯 KLC에는 꿈을 가지고 성도사로 입사한 직원이 현재 7명이 있다. 모두들 자신들의 꿈을 이루고 회사와 더불어 시너지 효과를 낼 수 있는 일을 모색하고 있다.

　우리는 오늘도 꿈을 꾸고 있고, 언젠가는 그 꿈이 반드시 이루어질 것을 믿고 있다. 그 꿈이 이루어진다면 그것은 많은 사람들에게 늘 말해왔듯이 "이 꿈은 나 혼자만이 이룬 것이 아니라 나를 신뢰하고 함께 했던 많은 사람들과 함께 이룬 것"이라고 고백하리라.

　엄 성도사의 플래너 맨 앞장에는 이런 글귀가 적혀 있다.

　'그대 지금 꿈꾸는가?'

3인 학습 해 주세요

배움이 없는 자유는 언제나 위험하며 자유가 없는 배움은 언제나 헛된 일이다.
존 F. 케네디

자신이 배운 것을 다른 사람들에게 가르치는 교육방법이 3인 학습이다. 강의장 앞을 지나가다 보면 직원들 몇 명이 모여서 열심히 슬라이드 화면을 보면서 토론을 하는 것을 종종 목격하게 된다. 어쩌면 시도 때도 없이 자유롭게 원하는 사람들이 모여서 뭔가를 한다는 말이 더 어울릴 것 같다. 지식습득을 위해서라면 두 눈을 반짝이는 KLC 구성원들의 모습을 가장 잘 볼 수 있는 자율모임이다.

아마 처음 보는 사람들은 어떤 업무와 관련된 공식회의일 것이라고 짐작할지 모른다. 천만의 말씀이다. KLC에서는 이것을 '3인 학습(Three person teaching)' 이라고 한다. 기본적인 내용이나 아이디어를 이해하는 습득의 과정을 거친 사람이 그 내용에 개인적인 경험이나 지식을 추가한 다음, 그것을 다음 사람에게 공유하는 것이다. 즉, A로부터 배운 B가, 배운 내용에 자신의 생각을 더하여 C를 가르친다는 개념이다.

3인 학습은 직원들에게 기하급수적으로 지적 능력을 향상시켜 주는 역할을 한다. 여러 가지 여건 상 한 개인이 들을 수 있는 교육이 한정적이라는 점을 극복할 수 있는 방법이다. 동시에 3인 학습을 주도하는 사람은 배운 것을 더 확실하게 습득하게 된다. 즉 가르치는 것이 가장 뛰어난 배움의 방법이 되는 셈이다. 한편으로 내가 배운 지식을 동료에게 전달하여 조직 전체의 지식수준이 상승할 뿐만 아니라 지식의 공유로 업무의 시너지효과를 높일 수 있다.

하나의 예로, 박창규 교수와 김인백 부장은 지난 몇 달간 NLP(Neuro Linguistic Programming : 신경언어적 의사소통)교육을 이수했다. 그리고 추가로 거기에 대해 학습을 한 내용을 가지고 전직원에게 NLP의 기본 개념과 몇 가지 실습을 3인 학습이라는 형태로 교육했다. 3인 학습은 정보공유의 한 스타일이기도 하고 동시에 '서로 사랑하며 다 같이 성장한다' 는 KLC의 지배가치에 딱 들어맞는 자발적 행위이기도 하다.

어느 직원이 뭔가에 대하여 더 알거나, 어떤 특별한 교육을 받고 와서는 전체가 다 모이는 월요일 오전 7시 월요교육회의 시간에 발표를 하기도 한다. 또 특정 팀별로 발표를 진행하기도 한다. 교육에 관한 정보가 100% 공개되므로 어떤 사람이 자기가 관심이 있는 교육을 받고 왔다면 따로 요청해서 3인 학습을 받으면 지식에 대한 갈증이 어느 정도 해결된다.

외부에서 하는 교육을 다녀오면 지나치는 사람마다 "3인 학습

한번 해주세요"라는 요청을 마치 인사를 건네듯이 많이 해온다. 세상에 공짜가 없다는 룰도 정확히 적용된다. 3인 학습을 요청한 사람이 지적 갈증을 해결하는 대가로 점심을 대접하는 것이 보통이다.

1000원짜리 헬스 이용권

우리가 어느 한 차원에서 톱날을 갈면 서로간에 밀접한 관계를 가지고 있는
다른 차원에도 긍정적인 영향을 미친다.

습관 7. 끊임없이 쇄신하라

개인과 조직의 성공을 위해서는 무엇이 가장 중요한
것일까? 따지고 들어가다 보면 무엇보다도 한 사람 한 사람의 인적
자원이 가장 중요하지 않을까? 그 인적자원을 지키기 위해서는 그들
의 건강이 최우선 순위에 놓인다.

KLC의 이상한 원칙 중 하나는 직원들의 건강관리이다. 건강관
리는 '긴급하지 않지만 중요한' 2상한의 대표적 활동이다. KLC는 고
객들에게 교육에서 '2상한 활동에 집중하라'고 가르친다. 가르치는
대로 행하자는 KLC의 신념은 직원들이 아무리 바빠도 자신의 건강을
돌보는 일에 우선순위를 두도록 격려한다. 그것이 장기적으로 효과를
발휘하기 때문이다.

1,000원짜리 헬스 이용권. 1,000원짜리라고 하니 허접한 시설의
곰팡이 냄새가 나는 곳이라고 생각했다간 큰 오산이다. 강남 최고 수

준의 휘트니스 클럽과 수영장, 골프연습장, 에어로빅, 요가 그리고 사우나 시설이 갖춰져 있다. KLC인이면 누구나 하루에 단돈 1000원만 내면 이 시설을 모두 이용할 수 있다. 경영기획실에 마련돼 있는 장부에 이름을 적고 헬스카드를 들고 가기만하면 된다.

사무실이 이전하자마자 경영진에서 가장 먼저 해결해 즌 직원복지가 바로 윗층에 있는 헬스클럽과 협의해서 직원들이 편리하게 이용할 수 있도록 배려해 준 것이다.

이상한 경영진 밑에는 이상한 직원들만 있는 모양이다. 멍석을 깔아주면 더 안 하기 마련인데 그렇지가 않다. 퇴근시간 무렵이면 헬스카드가 동이 날 정도로 이용률이 높다.

새벽 6시에 문을 여는 헬스클럽에서도 KLC인들과 쉽게 마주친다. 보통 이 때 출몰하는 KLC인들은 이른 시간에 운동을 하고 7시 30분 이전에 사무실에 들어가 조기출근까지 달성하는 사람들이다. 점심시간에 올라가도 운동하는 KLC인들이 많다.

조기출근을 할 경우에는 근무시간 중에도 자유롭게 적당한 시간을 선택해서 운동을 할 수 있다. KLC인들의 건강한 체력에 대한 의지는 여기에서 끝나는 것이 아니다. 주말만 되면 대한민국 어느 산에서는 KLC인들이 오르고 있을 것이고, 어느 곳에는 마라톤 완주를 위해 달리고 있는 KLC인들을 만날 수 있다는 사실이다. 이는 건강한 직원들이 건강한 KLC를 만들어갈 수 있다고 믿기 때문이다.

별을 가슴에 담는 암벽등반

신체적 차원을 쇄신하는 활동의 핵심은 톱날을 가는 것이다.
즉, 일하고 적응하는 능력을 유지하고, 또 확장시키며 삶을 즐길 수 있도록
우리의 몸을 규칙적으로 운동하는 것이다.

습관 7. 끊임없이 쇄신하라

건강하고 지적인 삶에 대한 KLC인들의 추구는 끝이 없다. 단순한 육체적 운동만이 아닌 정신과 영혼과 육체의 건강을 위한 몸부림은 요즘 흔한 마라톤과 산행, 특히 암벽등반의 차별화에서도 두드러진다.

2003년부터 본격적으로 시작된 마라톤과 산행은 몇몇 달리기와 산을 좋아하는 사람들이 주축이 됐다.

수시로 열리는 마라톤 대회에는 어느덧 대부분의 직원들이 감염이 되어서 10km를 완주했다는 얘기에는 이젠 놀라지도 않는다. 사무실 복도에서 만나면 풀 코스를 준비하는 이들의 인사가 의외로 간단하다

"잘 되고 있지?"

"오늘은 얼마나 뛰었나?"

마라톤을 하는 것도 목표를 정하고 시작한다. 일곱가지 습관의 습관 2와 7을 동시에 이루는 것이다. 어느 부장은 자신의 배를 측면에서 사진으로 담고 볼펜으로 선을 그어서 그만큼 줄이겠다고 다짐 한 후에 마라톤을 시작했다. 그리고 결국 볼펜으로 그은 선까지 불룩 나온 배의 선을 다 줄여버린 것이다.

또한 KLC인들의 산행은 좀 야단스럽다. 단순한 등산일 때도 있지만 그것마저도 거의 암벽타기 수준일 경우도 많아서 등산장비를 잘 갖추는 것은 꼭 필요하다. 그냥 심신만을 단련하기 위해서 등산을 하는 정도에 그치는 것이 아니라 갈 때마다 테마를 정해놓고 산으로 향한다.

철웅바위의 핏자국

'별은 내 가슴에', '읽고 싶은 책 두 권 들고 떠나기', '2004년에 세운 목표 다시 점검하기' 등 갈 때마다 새로운 주제를 가지고 산에 오른다. 플래너를 꽁무니에 달고 인수봉 꼭대기까지 암벽등반으로 올라가서 자신의 사명서를 점검하는 의식을 치르는 그룹도 있다고 한다. 이러한 산행은 몸도 건강해질 뿐 아니라 자신을 되돌아 볼 수 있는 좋은 기회가 되기도 한다.

일전에 KLC 산악인들이 자주 찾는 국망봉 등반을 하다가 사고가 생긴 적이 있다. 위쪽에서 갑자기 바위가 굴러 떨어져 일행을 덮치려는 순간, 최철웅 과장이 양손으로 바위를 붙잡는 바람에 큰 사고를 막았다는 전설 같은 얘기가 전해지고 있다. 최 과장은 그때 손톱이 여러 개가 빠지는 다소 심각한 부상을 입었지만 아래쪽에 따라 올라오던 많은 사람들을 보호할 수 있었다고 한다. 그 뒤로 국망봉을 다녀온 사람들에 의해 월요회의 때마다 '철옹바위' 가 자주 언급되고 있다.

KLC인들의 원칙적인 삶, 그것은 따분하게 쳇바퀴 속의 다람쥐처럼 사는 것이 아니라, 삶을 더 풍성하고 인간답게 사는 것임을 회사에서도, 회사 밖에서도 온 몸으로 펼쳐 보이며 살아가는 것이다. 모든 마라톤 코스와 모든 산봉우리에 개인과 조직의 성공을 돕는 간절한 바람이 곳곳이 스며들 때까지 KLC인들은 달리고 또 오르리라.

조기출근수당 5000원

나는 오늘 할 일이 너무 많기 때문에 그만큼 더 많은 기도를 해야 한다.

마틴 루터

다른 회사엔 있는데 KLC에 없는 것이 야근 수당이다. 거꾸로 다른 회사엔 없는데 KLC에 있는 것은? 바로 조기출근 수당이다. 거꾸로 가는 그 이유는 무엇일까?

2001년 1월, 아직은 낯설게 회사에 발을 디디던 시절. 김 대리는 항상 5~10분씩 지각을 했다. 당시 한결같이 이른 아침부터 바쁘게 플래너를 이리저리 뒤적이면서 자리를 지키던 과장님과 같이 일하게 되었다고 한다. '사실 1~2분 정도의 지각이면 그리 많이 늦은 것도 아닌데' 라는 생각이 가슴 한 구석에 자리 잡고 있었지만 늘 밝은 모습으로 맞아주는 과장님에게 부끄러운 마음이 없지 않았다. 마음 한켠으로는 좀 억울하다는 생각이 든 것도 사실이었다.

어느 날 역시 1~2분 늦어서 헉헉대던 모습을 보며 과장님이 예의 그 웃는 모습으로 커피나 한잔 하자고 청했다. "1~2분 늦는 것이 그리 중요한 일은 아니지만 시간에 쫓기듯 오는 것과 달리, 몸이 좀 힘들더라도 여유를 가지고 일찍 출발하면 하루를 기분 좋게 시작할 수 있다"는 말이었다. 하지만 그 때도 그냥 지나가는 말로 듣고 말았다.

새해가 시작된 지 며칠 지나지 않아서였다. 이제부터는 아침 일찍 출근해야겠다는 마음을 먹고 실행한 지 며칠 안 되어서 아주 기이한 장면을 보았다. 그 전날은 이사님이 금강경을 소리 내어 암송하더니 그 날은 누군가 찬송가를 듣고 있었다. 이렇게 이른 아침부터 시끄럽게 사무실에서 저런 식으로 찬송가를 틀어놓다니….

지금은 퇴사한 지방 출신의 어느 과장은 정말 조기출근을 많이 하는 KLC 직원들도 깜짝 놀랄 시간인 아침 6시에 출근을 했다. 출근시간보다 2시간 30분이나 일찍 나오는 바람에 선의의 피해자가 발생할 정도. 여름의 6시는 해가 뜨고 주변이 환하지만 겨울의 6시는 깜깜한 새벽이다. 그 시각에 출근을 하니 경비 아저씨가 너무 곤히 자는 바람에 회사 밖에서 날이 밝도록 벌벌 떨며 기다렸다는 얘기가 전설처럼 전해져 내려오고 있다.

KLC에서는 아침시간을 잘 활용하라는 의미에서 출근시간 1시간 전에만 출근하면 5000원을 지원해 주는 제도가 있다. 그리고 그 한 시간 동안에는 굳이 회사 일을 해야 하는 것은 아니다. 학습이나 독서, 종교활동, 운동 등 '7가지 습관'에서 말하는 신체·정신·영적·사회적 차원의 4가지 활동을 장려하는 취지에서 만들어진 제도다. 그래서 많은 직원들이 한 시간 전에 출근해 어학관련 공부를 하거나 독서, 종교활동 등의 다양한 활동을 하고 있다.

　　KLC는 일찍 시작하고 일찍 끝내기를 장려한다. ‘일과 삶의 균형’을 가르치는 회사답게 가능한 일찍 일을 마치라는 것이다.

　　대표이사부터 퇴근시간 5시 30분에 칼퇴근하기로 유명하다. 웬만한 일이 없고서는 퇴근시간 이후 대표이사가 자리에 있는 경우가 없다. 직원들에게 강력한 무언의 메시지를 주는 것이다.

　　불가피한 야근에 야근식대는 지원해주지만, 가능한 저녁 시간은 휴식을 취하고, 소중한 가족과 시간을 보내고, 더 나은 자신을 만드는 데 시간을 쏟자는 것이다.

안식년 휴가제, 휴가비는 1000만 원

> 인생은 원료, 그리고 우리 모두는 장인이다.
> 우리가 우리의 존재를 아름다운 무언가로 조각할 수도 있고,
> 추한 것으로 저하시킬 수도 있다. 그것은 모두 우리의 손에 달려있다.
>
> 캐시 베터

KLC에는 다른 기업조직에서는 찾아보기 힘든 제도가 하나 있다. 바로 안식년(安息年, Sabbatical year) 제도인데, 우리 나라에서는 대학교 교수들이나 채택하고 있는 제도로 일반기업에서는 그 예가 드물다. 긴급하지는 않지만 중요한 일의 영역인 2상한을 중시하는 KLC에서는 안식년을 제도화해서 일정조건이 충족되면 누구나 자유로이 활용할 수 있도록 하고 있다.

"휴가기간이 1년이나 된다고요? 아니 휴가비가 1000만 원이요? 이런 회사가 있을까요? 만약 존재한다면 이직하시겠어요? 그럼 이력서 준비하시고 모범사원 모집공고를 기다리시기 바랍니다. 이미 6기 모범사원 모집이 끝났거든요."

휴가라는 개념이 그냥 막연하게 쉰다는 의미 그 이상이기 때문에 보다 장기적인 관점에서 계획을 세우고 일정을 조정한다. 그래야

효과적으로 휴가를 이용할 수 있고 휴가비용도 절약할 수 있기 때문이다. 이런 측면에서 KLC의 휴가문화는 좀 독특하다고 할 수 있다. 그 연장선상에서 안식년 제도는 6개월 전에 미리 자기계발 계획서를 작성해서 허가를 받고 1년이란 장기간의 특별 휴가가 주어지는 것이다. '열심히 일한 당신 떠나라~' 라는 광고카피처럼 7년간 근속한 직원이 자기계발이나 재충전을 위해 계획서를 작성하여 허가를 받으면 1년이란 안식년 휴가가 주어진다.

여행을 해도 좋고, 어학연수도 좋고, 심지어는 다른 회사에 근무하면서 경험을 쌓는다고 하더라도 오케이다. 이를 위해 회사에서는 1000만 원의 특별 휴가비를 지급한다. 안식년이 끝나고 난 뒤의 복직 여부는 자유의사에 달려있다. 복직을 희망하지 않는 경우에는 휴가비를 반납해야 한다. 이는 바꾸어 생각하면 1년을 쉬고 나서 심각한 취업난을 비웃으며 유유히 출근을 할 수도 있다는 얘기가 된다. 복직 후 3년만 근무하면 휴가비를 반납할 필요가 없어진다. 거꾸로 얘기하자면 최소 3년의 추가 근무가 보장된다는 것이다.

KLC가 아직은 10년밖에 되지 않은 회사이기 때문에 7년 이상 근속자가 그리 많지는 않다. 그러나 이미 전문교수 두 분이 안식년을 신청한 것으로 알려져 있다. 두 분은 1년 혹은 2년 후에 보다 많은 경험을 쌓은 후에 더 밝고 젊어진 모습으로 다시 KLC인들을 만나게 될 것이다.

"이봐 홍 차장, 내년 말이면 근무 7년인데 안식년 준비해야지? 어떻게 보낼 생각이야?" 안식년을 앞둔 홍순옥 차장도 요즘은 이런 인사를 자주 듣고 있다.

목공소, 시사모, 쉐리코, ILT… 자발적 소모임

도대체 이게 뭘까? 무슨 NGO모임도 아니고 아무 공통성도 없어 보인다. KLC 직원들의 자기계발 욕구와 배움에 대한 끊임없는 의지는 바로 이러한 '소모임'을 통하여 표출된다. KLC의 직원끼리도 서로 점심약속 잡기가 어려울 정도로 점심시간마다 어떠한 형태로든 학습모임이 운영되고 아침 출근 전에 혹은 저녁 퇴근 후에 또 다른 소모임이 운영된다.

아마 본연의 업무를 안 하고 소모임만 하더라도 회사에서 바쁘고 분주하게 움직이는 데는 전혀 지장이 없으리라. 시사모(시간관리 전문가가 되려는 사람들의 모임), 목공소(목요일마다 공부하는 소모임), ILT(I Love Teens), 쉐리코(Shall We Coaching?) 등 다양한 이름의 모임뿐만 아니라 아침마다 '엑셀을 사랑하는 모임', '만리장성 넘기 중국어 모임', '자기발견 산행 모임', '달리며 KLC를 홍보하는 마라톤 모임’ 등의 갖가지 소모임들이 운영되고 있다.

　　운영의 주체는 당연히 KLC의 직원이며 그 대상자도 KLC 직원이다. 스스로 생겨나고 스스로 굴러가는 모임들이다. 회사는 배움에 관한 것이라면 운영비의 일부를 지원해주고 있다. 이런 소모임들은 그 시간을 통하여 학습한 성과를 가지고 시간관리 강사나 사내 전문 코치, 조직의 아이디어 뱅크 등으로 KLC에 기여하게 된다.

　　그렇다고 모든 소모임이 업무와 관련된 것은 아니다. 업무와는 전혀 관련이 없는 분야의 소모임도 꽤 많다. 소모임에 욕심이 많은 사람은 10여 개의 소모임에 소속되어 활동하기도 한다. 너무나도 매력적인 소모임의 수많은 유혹(?)으로 인하여 선배와 동료에게 조언을 구하기도 한다. 실제로 이런 종류의 고민을 해결해주고 도와주는 사내 코치(internal coach)가 성업 중이라고 한다.

　　아무도 시키지 않는 일이고 어느 누구도 강요하지도 않은 일을 스스로 좋아서 엮어나가는 배움의 모임이라고 할 수 있다. 그것이 KLC 성장의 열쇠이자 직원들의 잠재력이리라.

시간관리의 전도사들

KLC에는 유독 공부하는 모임이 많다. 영어나 중국어 같은 어학 스터디 모임을 비롯해서 어린이 리더십 과정, 여성 리더십 연구모임에 성경공부 모임까지 종류도 가지가지다. 그 중에서 특이한 모임이 하나 있는데 바로 약칭 '시사모'다. 얼핏 들으면 워낙 책 좋아하고 글쓰기를 즐기는 사람들이 많다 보니 '시(詩)를 사랑하는 사람들의 모임' 쯤으로 여길 수도 있다.

'시간관리 전문가가 되려는 사람들의 모임'의 약칭인 시사모는 2002년 여름 생겨났다. 취지는 KLC 직원들을 시간관리 강사로 양성하는 것.

퍼실리테이터가 되는 꿈을 가지고 있는 직원들을 위해 가장 효과적인 통로가 시간관리 강사로 양성하는 길이었다. 한두 시간의 시간관리 특강은 수요가 많을 뿐 아니라, 매월 10여 차례나 열리는 플래너 무료설명회라는 좋은 강의 기회가 제공되기 때문이다.

그러나 아무리 무료설명회라고 준비가 부족한 강사를 세우는 것은 고객을 위해 고품질서비스를 제공하는 태도가 아니다. 그래서 시사모 회원들은 사전에 몇 달 동안 학습과 시험, 프레젠테이션을 거쳐 준비가 된 강사를 플래너설명회에 세운다.

고현숙 부사장이 이끌었던 시사모 1기는 김명희 팀장, 하창호 팀장, 최선영 과장, 손민희 대리, 이재석 대리, 김도성 실장, 최규문 실장, 이호형 대리, 김주영 과장, 이석휘 팀장, 이영선 팀장 등 KLC 중견직원들이 많이 참여했다.

한 달에 한 권씩 관련 전문서를 함께 읽고 발표를 하고 시험문제를 받아 정성 들여 답안지를 작성했던 경험은 정말 값진 것이었다. 시사모를 통해 1번 타자로 플래너설명회 강사가 된 김명희 팀장이 등단한 그날 저녁에 시사모 회원들은 인근 호프집에서 축배를 들었다고 한다.

KLC의 핵심 사명은 원칙 중심의 리더십을 전파하고 자기관리의 기본적인 도구라 할 수 있는 플래너를 보급함으로써 고객이 스스로 성공할 수 있도록 돕는 것이다. 리더십은 개인의 신뢰에 기초를 두기 때문에 자기관리능력, 즉 셀프 리더십이야말로 조직에서 리더십을 이루는 근간이라 할 수 있다.

실제로 시사모가 하는 일은 사람들에게 시간관리의 필요성과 중요성을 적극적으로 전파하고 시간관리의 효과적인 도구인 플래너 사용법을 최대한 많은 사람들에게 알리고 가르치는 일이다.

KLC에 있다 보면 가장 많이 받게 되는 질문이 "거기서 나오는 다이어리는 뭣 때문에 그렇게 비싸냐?”는 것이다. 별나 보이지도 않는 시스템 다이어리 하나가 6~7만 원이나 하니 씀씀이가 알뜰한 사람들이라면 선뜻 구매하기가 쉽지 않은 것이 사실이다.

그럴 때 답변 중의 하나가 다이어리를 판매하는 것이 아니라 플래너를 판매하는 것이고, 단지 바인더나 종이만을 판매하는 것이 아니라, 그 도구를 이용해서 자신의 인생을 관리할 수 있는 방법론에 대한 교육 서비스를 함께 제공한다고 하는 것이다.

실제로 KLC는 본사는 물론이고 전국 각지의 판매망을 통해 수시로 ‘시간관리 특강을 겸한 플래너 사용법 설명회’를 무료로 개최하고 있다. 요즘은 전국적으로 한 달에 10여 차례가 넘는 설명회가 열린다. 이러한 시간관리 특강에 강사로 나서는 사람들이 바로 시사모 멤버들이다.

시사모는 자발적인 회원모임이면서 동시에 KLC가 개최하는 각종 플래너 설명회를 이끌어나가는 강사 양성소인 셈이다. 단순 동호회 수준을 넘어서 일정한 자격이 주어지는 과정이기도 하기 때문에 내부 학습이나 규율이 까다롭다.

철저한 학습과 엄격한 심사－Quiz와 사전 PT

시사모를 통해 시간관리 특강에 공식적으로 나서려면 시간관리에 관한 매뉴얼 북에 대한 숙독과 이해가 따라줘야 한다. ‘소중한 것 먼저하기’ 교육에 대한 이해를 기본적으로 요구한다.

이해의 수준을 평가하기 위해 모일 때마다 독서범위를 주고 간단한 논술형 퀴즈를 풀어야 한다. 필요하면 해당 교재에서 회원들이 각자 문제를 출제해서 그 문제들에 대한 이해도를 평가하기도 한다.

어떤 강제성이나 점수의 가이드라인을 두는 것은 아니지간 회원들로서는 많은 사람들 앞에서 시간관리 강사의 역할을 하려면 스스로에게 엄격해야 한다는 부담을 안고 있다. 그래서 학습에 열성적으로 매달릴 수밖에 없다.

퀴즈만으로 끝나는 것이 아니다. 실제 강단에 서려면 많은 평가자들이 보는 앞에서 프레젠테이션 실습을 갖고 그에 따른 피드백 과정을 거쳐야 한다. 자신이 안다는 것과 알고 있는 것을 제3자에게 효과적으로 설득력 있게 전달하는 것은 별개의 문제다. 특히 자신이 알고 있는 것을 머릿속 지식에 그치는 것이 아니라 생활 속에서 스스로가 먼저 솔선하여 실천해야 한다는 것이 더 큰 숙제다.

시사모는 바로 그런 실천을 생활화하는 모범이 되는 모임이기도 하다. 그만큼 이들은 '시간관리의 전도사'로서 자신과의 약속에 충실한 삶을 살아야 하는 부담을 스스로 안고 있다.

시사모 활동을 거쳐 현재까지 10여 명의 젊은 직원들의 실제 플래너 설명회, 시간관리 특강 등을 끌어가는 강사로 변신했다.

시사모 같은 공부하고 노력하는 조직이 있기에 자신감 있게 말할 수 있다. "플래너는 단순히 종이나 바인더를 파는 것이 아닙니다. 시간과 인생관리 방법론에 대한 교육을 함께 팝니다. 그래서 조금 비쌀 뿐입니다."

I Love Teens

2002년 겨울이 다가오던 시기의 어둑어둑해지던 어느 날 오후. 이석휘 팀장, 김명주 대리, 최세진 대리, 임민정 대리, 김범진 대리, 서현정 선생, 그리고 최규문 선생 등 이렇게 7명의 청소년을 사랑하는 사람들이 모였다.

KLC가 보급하고 있는 '성공하는 리더들의 7가지 습관' 성인과정을 기초로 한 '성공하는 10대들의 7가지 습관'을 보다 체계적이고 10대의 눈높이에 맞도록 재구성해보자는 취지로 결성된 팀이었다.

그것은 KLC의 사명에 부합하고 KLC가 지향하는 2상한의 분야란 것을 스스로 인정하며 엄숙한 책임감마저 느끼게 하는 소명이었다. 구체적으로는 한국의 청소년들에게 삶의 가치를 세우고 방향을 설정하는 데 도움을 줄 수 있도록 하자는 게 설립취지였다.

각자 개인 업무가 따로 있고 회사에서 특별한 요청도 없었지만 청소년에 대한 아낌없는 애정을 끈으로 해서 움직여 나갔다. KLC가 가진 장점인 프로그램과 강의력, 그리고 기획력을 바탕으로 열정을 쏟아붓고자 했다.

ILT(I Love Teens)를 설립하며 처음 한 일은 활활 불타올랐다가 그냥 사그라드는 모임이 되지 않도록 무언가 '작품'을 하나 만들어 보자는 것이었다. 고민에 고민을 하다가 나온 것이 바로 '청소년 매뉴얼 재구성' 작업이었다.

당시 약간은 급조된 청소년 매뉴얼은 성인용과 너무나 흡사했다. 팀은 각자의 시간과 역할을 배분, 해야 할 일들을 일일이 플래너에 적고 실행했다. 더 많은 그림을 끼워 넣고, 청소년 관련 인터넷 사이트를 뒤져서 자료를 찾아내고, '성공하는 10대들의 7가지 습관'을 읽고서 난상토론을 벌이곤 했다. 피자로 저녁을 때우고 김밥으로 점심을 대신하면서 만들어 나간 작업이었다.

그렇게 고생하여 작업을 마친 후, 완성된 청소년 매뉴얼을 바라보는 심정은 정말 뿌듯함 그 자체였다. 지금은 ILT가 KLC의 젊은 강사들의 등용문이자 수련의 장으로 큰 역할을 해내고 있다.

또한 정규상설 프로그램으로 7H 청소년 과정이 증설되었다. 상업성을 고려하지 않고 매달린 탓에 처음엔 적자투성이였지만 지금은 모든 과정 중에서 마감이 가장 빠른 인기과정이 됐다.

누구나 강사

KLC인들에게 프레젠테이션은 기본적인 소양이다. 왜냐하면 KLC가 진행하는 업무의 성격 상 강의할 기회가 많고 심지어는 월요회의조차도 모든 직원들이 돌아가며 진행을 맡기 때문이다. 강단에 서기 위해서는 당연히 정해진 절차와 평가를 통해 피드백을 받아야 한다.

KLC 멤버들은 용광로처럼 함께 섞여서 서로 다른 지식을 나눠 가짐으로써 각자가 스스로에 의해 업그레이드되는 과정을 겪어나간다. 또한 동료들을 부추기고 그들에 의해 스스로도 업그레이드 된다. 이런 일들은 전직원이 항상 '성공하는 사람들의 7가지 습관'을 생활화하기 위해 노력하기 때문에 가능한 일이다. 이런 기본적 배경이 없으면 서로 간의 의견충돌로 패가 갈라지고 갈등이 생기기 마련이다. 그러나 상대방을 존중해주고 자신과 같지 않은 것도 당연한 현상으로 받아들이는 것이 KLC의 문화이기 때문이다.

이같은 환경이 '전직원의 강사화'를 자연스러운 일로 만들어 준다. KLC 직원들은 자신의 전문분야는 물론이고 취미생활 중에 얻은 경험에 대해서도 언제든지 강의를 할 수 있는 준비가 되어있다. 매주 강의장에서는 그런 강의가 많이 이뤄지고 있다.

일반회사에서는 1년에 많아야 서너 번 정도의 프레젠테이션을 하는데 그친다. 그래서 행사 때나 사업계획보고 등을 위해 프레젠테이션을 하더라도 익숙하지 않은 탓에 청중 앞에 서는 것 자체가 부담스럽고 스트레스가 되는 경우가 대부분이다.

KLC에는 애초부터 강의를 하고자 하는 끼가 가득찬 사람들이 많은 집단이라고 볼 수 있다. 하지만 끼만으로는 부족하다. 자신의 끼와 지식을 겸손하게 전달할 줄 아는 실력을 갖추어야 하는 것이다.

이런 실력이 KLC에 입사한다고 공짜로 주어지는 것은 아니다. KLC인들은 무언가를 얻기 위해 남다른 노력을 기울이는 사람들이다. 대표가 늘 강조하듯이 '평생직장' 보다는 '평생직업' 을 가져야 한다는 조직문화가 좋은 영향을 미친 탓도 있다. 평생토록 한 직장에 매달려서 개인의 잠재력을 묻어두고 지내는 '우물 안의 개구리' 가 되어서는 안 된다는 것이다.

KLC 직원이면 누구나 시사모와 ILT(I love teens)의 매트릭스 조직에 참여해서 강의를 맡을 수 있는 권리와 능력을 지니고 있다고 봐야 한다. 이 모임들은 전직원에게 오픈되어 있어서 본인이 노력만 하면 얼마든지 과정을 밟아 강의를 할 수 있다.

　어떤 직원이 강의를 처음하게 되면 사내 이메일로 전직원에게 공지된다. 무슨무슨 강의를 위한 프레젠테이션을 하니 참석바란다는 내용이다. 여기서 참석자들이 공정하게 평가를 하여 강의를 할 수 있는 자격을 얻는 것이다.

　만일 첫 프레젠테이션에서 좋은 평가를 받지 못해서 통과가 안 되더라도 언제든지 다시 도전할 수 있다. 재도전은 전적으로 개인의 의지에 달려있다. 아무도 실패를 부끄럽게 여기지도 않고 실패를 두려워하지도 않는다. KLC에서는 오히려 실패를 더 소중히 여기고 도와주고 북돋워주는 분위기가 하나의 문화로 자리잡고 있다.

7년 근무한 당신, 회사를 떠나라

인생은 진실이다 ! 인생은 진지하다. 무덤이 그 종말이 될 수는 없다. 우리가 가야할 곳, 또한 가는 길은 향락도 아니요, 슬픔도 아니다. 저마다 내일이 오늘보다 낫도록 행동하는 그것이 목적이요, 길이다. 예술은 길고 세월은 빨리 간다. 이 세상 넓고 넓은 싸움터에서, 인생의 머나먼 길에서 말 없이 쫓기는 짐승처럼 되지 말고 싸움에 이기는 영웅이 되어라.

롱펠로우

7년을 근무했다면 회사를 떠나라. 이 얼마나 충격적인 발언인가. 그것도 대표이사가 이 내용을 회의 때마다 수시로 공개적으로 웃으면서 말한다면 어떤 기분이 들까. KLC에서는 이런 얘기를 듣고도 직원들이 전혀 동요하는 기색을 보이지 않는다.

이것도 KLC에 처음 입사한 사람들이 깜짝 놀라는 일 중의 하나다. 이 회사가 퇴직금을 적립하지 않으려고 하는가. 봉급이 많은 고참 직원들을 아예 제도적으로 떨어내려는 것인가. 갖은 생각이 다 들 수밖에 없다. 이렇듯 신입사원들이 받는 문화적 충격(Culture Shock) 중에서 '7년이 되면 떠나라' 는 방침은 다소 파격적으로 느껴질 수도 있다.

어안이 벙벙해져 있는 사람들은 CEO의 설명을 들어보면 이해가 간다. 그것은 7년이 지나면 회사를 무작정 그만두라는 말이 아니다. 7년 안에 노력을 많이 해서 회사를 떠나더라도 더 큰 물로 나갈 수 있을 만큼 많이 성장하라는 격려의 말이다. 즉 7년 동안 끊임없는 자기계발과 수련, 그리고 경험을 통하여 지금 하고 있는 일에 안주하지 말라는 CEO의 당부가 담긴 표현이다.

만약 입사 후 7년이 지난 뒤에도 입사 때와 별로 달라진 게 없다면 그것은 올바르게 성장하지 못했다는 뜻이다. 단순히 직급의 상승보다는 자신의 내면적 가치를 몇 단계씩 끌어올리는 것이 이 무한경쟁시대의 급류를 헤쳐나갈 수 있는 유일하고도 강력한 해법이라는 설명이다. KLC의 특성 상 7년이라는 기간이 지나면 근무자는 당연히 훌쩍 성장해 있을 것이고 그렇게 '큰 나무' 를 KLC라는 굴레에 가두어 둘 수도 없을 것이라는 논리도 숨어있다. '큰 나무' 로 자란 인재를 잘 가다듬어서 사회에 되놓아 주는 것도 KLC의 중요한 역할 중 하나라고 보는 것이다.

KLC에서는 근무한 지 7년이 지나면 회사 안의 다른 보직으로 이동하거나, 같은 보직일지라도 새로운 분야를 개척하는 임무가 주어진다. 또 다른 선택으로 1년간의 공식적인 안식년을 가지고 한 발 물러나서 자신의 인생을 재설계할 기회를 갖기도 한다. 더 나아가서 새로운 직장을 찾아서 전직을 할 수도 있다.

이같은 선택과 결정의 기본전제는 7년 동안 몇 배나 업그레이드된 자기 자신이며, 기대성과는 KLC와 개인의 승-승(Win-Win)이다. 이 시스템은 항상 개인으로 하여금 '지금의 나' 와 '미래의 나' 를 생각하게 한다. 그래서 무엇이 내 인생에서 우선순위가 되어야 하는지 끊임없이 점검하고 조정해나가는 커다란 지침이 되고 있다.

　7년 후에는 회사를 떠나라는 '강력한 표현'에 다소 얼얼했던 입사초기의 충격을 마음 한구석에 안고 있는 KLC 직원들은 이 말이 생각날 때마다 스스로 마음을 새롭게 다잡곤 한다.

매트릭스 조직

> 누가 명예를 얻을 것인지 신경쓰지 않아야 위업을 이룰 수 있다.
>
> **작자미상**

어느 회사나 부서와 팀 단위로 업무가 진행된다. KLC의 독특한 점은 매트릭스 조직을 지향한다는 점이다. 종으로는 컨설팅 그룹, 플래너 그룹, 경영기획실, 물류팀 등 각 업무별 조직이 있다면, 횡적으로는 시사모, ILT, 쉐리코, 목공소 등의 자기계발을 위한 수평 조직이 함께 존재한다.

예를 들어 물류팀 책임자인 이재석 대리가 시사모의 간사 역을 하고, 컨설팅팀의 이석휘 팀장이 ILT의 좌장 역할을 한다. 모든 직원들이 업무상 소속되는 종적 조직 외에 횡적 조직에도 속하는 것이 오히려 자연스럽게 받아들여진다. 매트릭스 조직은 다양성과 획일성을 함께 품을 수 있기 때문이다.

새로운 아이디어가 나오면 기존업무나 고유업무 방식으로는 처리할 수 없는 경우가 나온다. 그래서 KLC에서는 새로운 아이디어가 나오면 새로운 조직이 만들어지기 마련이다. KLC에서는 기존의 수직적인 조직에서는 감히 상상도 할 수 없는 방식으로 문제를 해결해 나간다. 이때는 태스크포스(Task Force)의 성격을 지닌 매트릭스 조직이 가동된다. 일의 진행에 필요한 사람들이 모여서 기동팀을 결성하는 것이다. 아이디어 제안의 기여도나 열정을 판단의 기준으로 삼아 나이가 어리거나 직급이 낮은 사람이 '짱'을 맡는 경우도 생긴다.

초등학교 4학년들을 대상으로 리더십 교육을 실행한 전주문화영재캠프는 시사모 회원들이 1년 반 동안 진행한 프로그램이다. 교재는 물론이고 전체 프로그램을 재구성해서 완전히 새롭게 진행된 이 프로그램을 통해서 키즈 플래너가 새로 탄생했다.

매트릭스 조직이 움직이는 대표적인 사례는 신년회 파티 진행을 꼽을 수 있다. 신년회는 직원 뿐아니라 가족, 전직 임직원, 퍼실리테이터, 주요고객을 초청하는 큰 행사다. 그런데도 KLC에서는 사회자는 물론이고 파티진행 전반을 주임·대리급 사원들로 구성된 매트릭스 조직이 진행한다. 기획단계에서부터 최종 마무리까지 일체를 사로 구성된 팀이 일관되게 진행하는 것이 특징이다. 그만큼 신년회는 기발하고 역동적으로 진행되기 마련이다.

일상 업무를 하는 조직이 아닌 매트릭스 조직 가동으로 조직에 새로운 분위기를 불러 일으키는 것이다.

성공을 돕는 코칭

만일 당신이 진정으로 대인 간의 커뮤니케이션을 효과적으로 하고 싶다면,
테크닉만 가지고는 결코 성공할 수 없다. 즉, 당신의 솔직함과 신뢰를 고무시키는 성품에
바탕을 둔, 공감적 경청을 할 수 있는 기술을 반드시 배워야 한다.

습관 5. 먼저 이해하고 다음에 이해시켜라

보다 행복한 삶 그리고 많은 성취를 얻는 직업생활은 누구나 갖는 꿈이다. 이를 위해 상담이나 카운셀링, 멘토링 등 다양한 방법이 사용되어 왔다. 요즘 그 중에서도 단연 주목을 받는 분야는 개인의 역량을 기반으로 하여 더 나은 성과를 낼 수 있도록 이끌어주는 코칭이다.

하지만 1:1 개인 코칭(Personal Coaching)을 받으려면 따로 시간을 떼어내야 하고 비싼 가격을 지불해야 한다. 내부에 코칭센터를 두고 있는 KLC에서는 어떻게 직원들의 삶과 업무 성취도 향상을 돕고 있을까.

KLC의 임직원과 FT(전문강사) 중에는 소정의 교육을 수료한 후 실제 유료 코칭을 하고 있는 전문 코치가 많다. 직원들 중 코칭을 통해 삶의 향상을 꾀하는 사람이라면 누구든 이 코치들에게 무료로 1:1 코

칭을 신청할 수 있는데, 보통 이러한 코칭 세션은 1주일에 1회, 약 10주에 걸쳐 이루어진다.

이것을 KLC에서는 인터널 코치제도라 부른다. 코칭을 받는 주제는 업무성과를 향상시키거나 경력관리를 잘 하려는 업무적인 목적부터 결혼을 준비하려는 개인적인 목적까지 사람에 따라 아주 다양하다. 실제로 자신이 속한 부서에서 최대한의 역량을 발휘하지 못 한다고 느꼈던 한 직원은 10주가 넘는 기간 동안 1주일에 1회, 1시간 가량의 코칭을 받고 진로를 체계적으로 계획한 후 그에 맞는 교육 프로그램에 참가했다. 결국 그는 KLC 내에서 자신의 적성과 역량에 맞는 부서로 이동하였다. 회사 전체로 보나 팀 구성원들로 보나 결국 아주 긍정적인 결과를 가져온 셈이다.

코칭이란 코치받는 사람이 달성하고자 하는 목표를 잘 달성할 수 있도록 훈련된 코치가 코칭 과정을 통해 조력하고 지원하는 일이다. 이것은 말로 그치는 것이 아니라 반드시 실행계획을 세우고 코치와 함께 점검해나가야 하므로 매우 성과가 높다. 작은 변화만 시도하고 실행해 봐도 이전보다 훨씬 좋은 성과를 이끌어낼 수 있어서 대다수의 구성원들에게 효과적인 것으로 알려져 있다.

코칭 세션을 시작하는 데 있어 기본적인 규칙이 있다면 다음과 같다.

(1) 코치는 코치 받는 사람과 그 내용에 대해 비밀을 유지한다.

(2) 비록 상급자와 부하직원이더라도 코칭세션에서는 수평적이고 협조적인 관계를 형성한다.

(3) 코칭 세션 때마다 코치 받는 사람들은 스스로 더 나은 성과를 얻기 위한 다양한 활동계획을 세우게 되고 그 다음 시간에 그 결과를 나누는 것이다.

회사의 성공과 회사 구성원의 성공은 결국 함께 갈 수밖에 없는 것이다. 직원의 성장과 성공을 도움으로써 회사가 함께 성장하게 하는 것이 바로 코칭이다.

Internal Coach

-회사 안에 구성원들의 성공을 돕는 코치의 역할을 감당하기 위해 일정한 전문코치 교육(코칭 클리닉 워크숍, 비즈니스 코칭 에센셜 워크숍, 코퍼레이트 코칭 프로그램 등)및 실습을 받았거나 인증을 받은 코치로서, 회사내의 직원들을 코칭해 주는 것(이런 역할을 하는 사람을 회사 외부에 두고 아웃소싱을 할 수도 있지만 이 경우 비용이 발생).

코칭 세션의 규칙

- 코치(Coach)와 코치 받는 사람(Coachee)은 코칭 세션에서 나누는 이야기들이 업무로 연장되거나 비밀이 새어나가서는 안 된다.
- 평균 1주일에 1회, 약 30분~1시간 정도 소요된다.
- 주제는 코칭을 받는 사람이 자유롭게 정하며 처음 시작할 때 코칭 세션을 통해 얻고 싶은 결과를 서로 확인하고 계약을 작성한다.

모범사원 제도는 KLC의 사회 환원

시너지는 전체가 각 부분의 합보다 크다는 것을 의미한다. 시너지는 자연 속 어디에나 존재한다. 하나 더하기 하나는 셋 혹은 그 이상이 되는 것을 의미한다.

습관 6. 시너지를 내라

모범사원 제도는 새내기를 뽑아 KLC에서 3개월간 훈련과정을 거쳐서 사회로 되돌려 보내는 프로그램이다. KLC의 역량을 사회에 환원한다는 차원에서 모범적인 사원을 양성해서 내보내는 제도다.

'7가지 습관'의 교육과정은 비용이 고가이기도 하고 성격상 수강자들이 직장생활 5~6년차 이상된 리더들이 회사의 지원을 받아서 오는 케이스가 주류를 이루고 있기 때문에 상대적으로 젊은이들의 접근이 어려웠다. KLC가 새내기들을 모범사원으로 뽑아서 3개월 간 훈련을 시켜서 사회의 역동적인 '변환자'로서 역할을 할 수 있도록 되돌려 보낸다는 것이다.

모범사원으로 입사를 하면 3개월 동안 KLC에서 진행되는 모든 교육을 무료로 수강할 수 있다. 그 기간 동안 KLC 내의 각 부서를 돌면서 근무를 하게 된다. 대략 50:50의 비중으로 교육과 실습을 병행하게 되는 셈이다. 이렇게 훈련된 모범사원들은 사회로 들어가서 각 조직의 변환자로 활력을 불어넣는 중심이 되어 달라는 것이다. 모범사원 제도는 교육 서비스업체인 KLC 특유의 사회 환원 방식이기도 하다.

KLC로서는 적지만 기본급여를 줘가면서 3개월간 무료교육을 시켜주고, 각종 경험을 쌓게 한 후 조건없이 내보낸다. KLC의 이익은 어디에 있을까? 이에 대한 경영진의 대답은 "KLC의 사명과 일치하는 일이기 때문"이라는 명쾌한 것이다.

모범사원이 되기 위해서는 필수조건이 있다. 토익 800점, 토플 500점 이상이어야 하고, 컴퓨터를 능숙하게 다룰 수 있어야 한다. 응시자 중에서 2년 간 플래너를 사용한 사람은 우대를 해준다. 또 삶의 어려움을 극복한 경험이 있는 사람과 배우고자 하는 열망으로 가득한 사람도 우대 받는다.

지원 단계부터 코치의 도움을 받을 수 있고, 훈련과정 중에도 전담 코치의 자상한 보살핌을 받을 수 있다. KLC와 주로 접촉하는 사람들이 기업의 인사 교육팀 소속인 탓으로 모범사원을 탐내는 기업에서 교육이 끝나면 바로 데려가기도 한다. 모범사원 중에서 아예 KLC 가족으로 눌러앉는 사람도 적지 않다. 매 기수별로 10명 정도를 뽑는 모범사원 제도는 벌써 6기생을 모집했다.

이 상 한 문 화

2

복사본이 되지 말고 원본이 되어라

우리가 가진 기본적인 본성은 자기 스스로 주체가 되어 행동하는 것이지, 남의 행동에 의해
이끌려 가는 것이 아니다. 이 본성은 주어진 상황에 대한 반응을 선택하도록 해 줄 뿐만 아니라
유리한 상황을 만들 수 있게 해 준다.

습관 1. 자신의 삶을 주도하라

KLC인들은 평소 "KLC가 하면 뭔가 다르다"는 얘기를 듣고 싶어 한다. 스스로 높은 기준을 설정하는 것이다. 뭐든지 좀 특이하게 색다르게 하자고 직원들은 늘 스스로를 부추긴다.

2004년 11월의 글로벌 리더십 페스티벌에 왔던 고객들은 깜짝 놀랐다. 차분하고 엄숙한 강의장 분위기를 예상했던 고객들은 행사장인 힐튼호텔에 들어서면서 의외로 깜찍한 분장의 삐에로들과 긴 다리 광대들을 보고 아연실색했다. 게다가 한쪽에서는 고리 던지기, 줄넘기, 퀴즈풀기로 고객들의 흥을 돋우며 푸짐한 선물을 나눠주고 있었으니….

여느 행사장처럼 딱딱하고 심각한 표정으로 늘어서서 참석자들을 주눅이 들게 만드는 사람은 어디에도 찾아볼 수 없었다. 12월의 시간관리 페스티벌에는 구경거리가 더 늘었다. 플래너를 캐릭터 옷처럼

입고 다니는 젊은 직원들이 등장한 것이다.

직원들의 승승합의서에 '신나는 직장 만들기'가 기대성과로 공식적으로 표현되는 곳이 KLC다. 이를 위해 자신이 무엇을 할 것인지를 실행지침으로 정하기도 한다. 그래서 어느 직원은 KLC는 직장에 올 때 마음이 설레는 직장이라고 표현했다.

즐거움이 있는 곳, 그래서 뭐든지 새로운 것을 시도해 볼 수 있는 곳이다. 실패를 해도 그 실패를 통해 배울 것이 더 많다고 인정해 준다.

"복사본이 되지 말고 원본이 되어라"는 것은 KLC 직원이면 자주 듣는 말이다. 남들 하는 대로 하는 것이 아니라, 자기가 원하고 할 수 있는 최선의 것을 하는 것, 뭔가 남과 다르게 하여 자신이 원본적인 삶을 살라는 요청이다. 남들이 하는 대로 착실하게만 살면 그것이 최고라는 교육을 받고 자란 평범한 사람들에게 이것은 큰 도전이 아닐 수 없다.

몇 년 전에 벌어졌던 일이다. 숙박 교육과정 때문에 외부 연수원을 자주 이용하는 KLC에서는 고객들에게 연수원 약도를 제공한다. 그 약도는 주로 해당 연수원에서 홈페이지에 올린 것을 그대로 다운받아서 쓰는 것이 보통이다.

원주에 있는 한 연수원의 약도가 생각보다 빈약하여 고객에게 혼란을 주고 있었다. 더 자세하고 더 분명한 약도가 필요하다고 생각한 대표이사가 직접 실제 운전하는 거리를 재어가면서 완벽한 약도를 새로 개발해냈다.

그 달에 연수원에 입소한 어느 CEO가 그것을 두고, "정말 약도가 상세하고 연수원 내에서도 어디로 가야할지 자세하게 안내되어 너무 좋았다"고 피드백을 해줬다. 그 순간 직원들은 우리의 기준이 무엇이어야 할지를 뼈저리게 느꼈다고 한다.

7H에서는 첫 번째 습관으로 '자신의 삶을 주도하라' 고 가르친다. 외적 상황이나 주위의 압력에 굴하지 말고, 자신이 스스로 선택하고 실행할 수 있다는 것이다.

KLC의 문화가 다른 많은 회사와 달리 독특한 점이 있다면 바로 이 독특한 점을 지향하도록 주도적인 태도에 대해 끊임없이 격려해주기 때문일 것이다. "KLC 직원들은 어쩌면 그렇게 밝고 친절하냐?"는 말이 나오게 되는 이유다. "김 박사는 직원들에게 무슨 약을 먹이길래 저렇게 열성적으로 일하는 거냐?" 고 농담처럼 묻는 고객이 있을 정도다.

10만 원을 드립니다

조직 내의 모든 사람들이 마음속 깊이 공유하는
비전과 가치관을 진실로 반영하는 조직 사명서는 일치단결과 헌신적 참여를 창출한다.
습관 2. 끝을 생각하며 시작하라

"입사한 지 한 달 이상 된 직원에게 우리 회사의 사명
(使命)을 물어보세요. 대답하지 못하면 제가 10만 원을 드립니
다." 김경섭 대표가 외부사람들을 만날 때마다 자랑스럽게 하는 말이
다. 10만 원이라는 거금을 배팅할 수 있는 자신감의 원천은 KLC직원
모두가 함께 만든 사명이기 때문이다.

94년 처음 회사의 설립과 함께 만든 KLC의 사명은 해가 갈수록
명확하고 심플하게 다듬어져왔다. KLC는 매년 초 그 해의 계획과 전
략을 수립하기 위해 전 직원이 MT를 떠난다. 2001년 2월, 전략 MT를
떠나는 전세버스 안에서 직원들은 5~6명이 한 팀을 이루어 'KLC가
이런 회사가 되었으면 좋겠다' 는 아이디어들을 쏟아냈다. 각 팀에서
나온 아이디어를 한데 모아 정리하여 잠재능력개발, 고객만족, 시너
지, 신뢰성, 효과성 등 5가지를 KLC의 지배가치로 결정했고 그 설명

하는 바를 정리했다. 그리고 그것을 기반으로 3가지의 비전을 정립했다. 그 전에 길고 복잡했던 사명은 이미 2000년에 '우리는 원칙 중심의 리더십을 통하여 개인과 조직의 성공을 돕는다' 는 간결하고 명확한 한 문장으로 정리되었다.

그리고 2003년 2월 전략 MT에서 온 직원이 또 한 번 지배가치와 그것을 설명하는 바를 좀 더 간결하게 정리했다. 각자의 아이디어를 모두 종이에 적어내고, 그 아이디어에 대해 다같이 공유하고, 가장 좋은 방안을 선택했다.

이렇게 정해진 사명과 비전, 지배가치를 직원들은 매주 월요일 아침 전체 교육회의를 마칠 때 함께 외친다. 매주의 외침뿐만 아니라 가끔은 재미있는 퀴즈나 게임을 통해서 잘 외우고 있는지 중간점검도 수시로 하기 때문에 입에서 사명이 줄줄 나오게 되어있다.

사명은 모든 것의 기준이다. 그래서 사명은 회사에서 일어나는 많은 일들을 한 방향으로 정리해주는 역할을 한다. 회사의 중요한 사안을 결정할 때도 이것이 우리의 사명에 비추어 볼 때 올바른 방향인지 아닌지 검토한다. 각 팀이 서로 다른 목소리를 낼 때도 그 일이 사명을 달성해 나가기 위해서 어떻게 해야 하는지를 놓고 보면 좋은 방향으로 결론을 도출해 낼 수 있다.

여기서 말하는 좋은 방향이란, 개인적으로 또는 팀 입장에서는 당장 조금 손해를 보는 듯 해도, 사명에 따른 결정을 하게 되면 결과적으로 회사 전체의 이익이 되어 개인은 물론 팀에도 이익이 된다는 것이다.

학생시절 교실에 걸려있던 교훈은 좀처럼 기억나지 않는다. 사장이나 임원이 회사의 나아갈 방향을 만들어서 직원들에게 강요해도 마찬가지일 것이다. 하지만 회사의 주인이 된 입장에서 스스로 낸 아이디어를 바탕으로 만든 사명을 온 직원이 함께 외친다고 상상해보라. 내가 함께 만든 회사의 사명, 지배가치, 비전이 개인으로서도 무척 자랑스러울 수밖에 없다. 스스로가 만든 것이기에 그에 따른 책임감도 남다를 수밖에 없다.

1. KLC 사명서

우리는 원칙중심의 리더십을 통하여 개인과 조직의 성공을 돕는다.

2. KLC 비전

5-5, 10-10(파이브-파이브, 텐-텐)

2005년까지 대한민국 국민의 5%에게, 2010년까지 10%에게 한국 리더십센터의 교육 프로그램과 플래너를 알린다.

3. KLC 지배가치

잠재능력개발 : 잠재능력을 개발하여 전문가로 성장한다.

고객 만족 : 고객(내/외)이 행복해지도록 진심으로 섬긴다.

신뢰성 : 성품과 역량을 갖추어 진정한 리더가 된다.

시너지 : 서로 돕고 사랑하며 더 크게 성장한다.

효과성 : 균형 있는 삶을 통해 지속적인 성공을 이룬다.

파송식

인생을 살아감에 있어서 목표란 찾을만한 가치가 있는 것이다.

KLC직원들의 근속 연수는 다른 회사에 비해 훨씬 짧은 편이다. 어떤 회사에 장기 근속자가 많지 않다는 것은 회사의 처우나 분위기 혹은 업무분야가 별로라는 생각을 하기 마련이다. 또 업무분야가 본인의 역량과 맞지 않기 때문이라고도 추정할 수 있다. KLC에는 왜 장기 근속자가 많지 않을까. 또 KLC는 동료직원이 회사를 떠날 때 어떤 식으로 송별식을 해줄까.

KLC에서 6년여를 근무한 김주영 과장이 7년째 안식년을 맞이하기 위해 떠나는 풍경을 살펴보기로 하자. 김 과장은 남아프리카공화국으로 공부를 하러 떠난다고 했다.

오후 5시 반경 김 과장이 소속된 팀의 몇몇 직원들이 분주하게 오가며 중국요리와 와인, 떡볶이 등으로 회사 교육장에 잔칫상을 차렸다. 천정은 풍선이며 리본으로 장식을 했다. 6시가 지나 업무가 마감되자 직원들이 하나 둘 강의실로 모여든다. 맛있게 음식을 나눠 먹다가 사회자가 앞으로 나서자 '족적(足跡) CD'라는 것을 틀어놓는다. 김 과장이 처음 입사하던 해의 사진부터 최근 사진까지 세세한 모습이 음악과 함께 상영된다. 사람들은 옛 추억을 떠올리며 이런 저런 얘기를 나누기도 하면서 자유롭게 드나들며 음식을 먹는다. 슬라이드 쇼를 걸어서 상영되는 CD에서 김 과장의 입사지원서와 자기소개서도 화면에 올라온다.

몇몇 동료들이 준비한 짧은 공연무대가 있고 나서 간단한 워크숍을 가진다. 주제는 단 2가지다. (1) 김주영 과장, 이래서 좋다! (2) 김주영 과장의 꿈인 '문화 교류가 있는 게스트 하우스'의 이름을 지어 주자! 가 화면에 올라왔다. 모여 앉은 직원들의 입에서는 그동안 겪은 주인공의 진면목이 생생하고 재미있게 증언된다. 김 과장의 꿈을 이루기 위해 필요한 다양한 아이디어가 튀어나온다. 진행자는 컴퓨터에 계속 타이핑을 하면서 진행해서 이 자리에서 나온 멘트들을 그대로 CD에 담는다. 김 과장의 마지막 모습들도 디지털카메라에 담겨서 CD에 올린다. 이렇게 만들어진 CD는 행사가 끝난 다음 바로 김 과장에게 기념품으로 전달된다.

마지막으로 회사 상조회가 준비한 선물이 전달된 후 떠나는 자와 남는 자가 서로를 축복하며 안아주고 등을 두들겨 준다. 이 모임의 이름은 '송별회'가 아닌 '파송식'이다. 정든 회사와 동료들, 익숙한 업무를 떠나 이루고 싶은 꿈을 향해 준비된 자세로 한 발 더 다가서기 위해 어려운 결정을 내린 '떠나는 이'를 축복하는 자리다.

술과 흥청거림이 아닌, 진정한 축복과 축하 속에서 새로운 걸음을 뗄 수 있도록 돕는 것이다. '송별'이 아닌 '파송'인 만큼 떠났다가 생각처럼 잘 안 될 때는 언제든 다시 돌아와도 된다는 격려가 더해져 있다. 그럼에도 불구하고 이 시간에는 여러 사람들이 눈물을 뿌린다.

이 의미 있는 파송식도 본인이 마다하면 조용히 보내준다. 원래 성품이 조용해서 야단스런 행사를 싫어하는 직원이 회사를 떠날 때 그냥 조용히 방방이 다니면서 인사를 나누고 떠난 적이 있다고 한다. 또 근무기간이 짧고 본인도 사양하면 파송식을 치르지 않고 그냥 회사를 떠나기도 한다.

평생직장이 아닌 평생직업으로 직업의 개념이 바뀌어 가고 일과 개인 삶의 균형이 중시되는 요즘이다. 다양한 업무경험을 갖추고 회사 내의 풍부한 교육 프로그램을 골고루 섭취한 직원이 준비된 모습으로 떠나가는 것을 기꺼이 축하해주는 모습은 충분히 감동적이다. 그러나 아쉬운 마음이 드는 건 어쩔 수가 없다. 그건 각자가 견뎌내야 할 몫이다.

파송식이란?
- 근속 연수 1년 이상인 직원이 회사를 떠날 때 가장 가깝게 근무한 종료들이 중심이 되어 준비한다.

파송식 준비
- 저녁 식사, 와인이나 맥주 등의 간단한 술, 실내 장식, 족적(足跡) CD, 상조회에서 준비한 선물 등
- 족적 CD에 담기는 자료: 입사한 때부터 현재까지의 사진들, 입사 당시 제출한 이력서와 자기 소개서, KLC의 사명서와 지배가치
- 파송식 워크숍 주제 ① OOO, 이래서 좋다! ② OOO의 꿈을 이루기 위한 아이 디어

자기소개서를 공개하라

이 회사에 다니는 사람들은 유난히 글을 잘 쓴다. 어느 조직이나 글재주가 뛰어난 사람이 있게 마련이지만 KLC의 전 직원의 평균적인 글쓰기 솜씨는 보통이 넘는다. 왜 그럴까? 교육을 생업으로 해서가 아니라 처음 사원을 뽑는 과정에서부터 글 솜씨가 시험대에 오르기 때문일 것이다. 그렇다고 대학입시처럼 입사 때 논술고사를 치르는 것은 아니다. 다만 나이의 많고 적음이나 무슨 직업을 가졌던 간에 아무도 그냥 넘어갈 수 없는 통과의례가 하나 있다. 그게 바로 입사할 때는 물론이고 어떤 형태로든 함께 일을 하게 될 때 모든 사람이 '자기소개서'를 제출하고 그것을 모두에게 공개하는 것이다.

KLC는 사람을 뽑을 때 그 사람의 이력을 중요시하지만 그에 못지않게 자기소개서를 평가의 중요한 척도로 삼는다. 신입 지원자의 자기소개서에는 아무런 형식이나 제한이 따로 없다. 거의 무제한으로 쓸 수 있다. 쓰고 싶은 만큼 쓸 수 있다는 것이다. 쓸 얘기가 많다는 것은 그 사람의 다양한 특성과 화려한 경력의 반영일 수 있다. 길게 쓸 수 있다는 것은 또한 평소에 숨겨져 있던 사고능력과 창의력, 결국은 업무 능력을 입증하는 셈이다.

아마도 KLC 식구들이 유난히 글을 잘 쓰는 이유를 굳이 든다면 바로 이 자기소개서를 중시하는 조직문화의 소산이 아닐까.

단편 소설 같은 자기소개서

흔히 자기소개서라 하면 이력서의 내용에 약간 살을 붙여 길어야 2~3쪽짜리의 의례적인 소개 글을 떠올리기 쉽다. 하지만 그렇게 썼다가 나중에 다른 사람들의 자기소개서를 보고는 무안해지는 경우가 종종 생긴다. KLC 직원들의 자기소개서는 그야말로 술자리에서 만난 친구가 자신의 인생을 고백하듯이 '시시콜콜' 하게 파노라마처럼 쓰는 경우가 적지 않기 때문이다. A4용지로 빽빽하게 10여 쪽이 넘는 경우도 드물지 않다. 원고지 분량으로 치자면 100매에 가까운 분량이다.

어떤 소개서는 마치 한편의 단편소설을 읽는 듯한 감동을 안겨주기도 한다. 내용이나 형식 또한 제약이 없다. 성장배경-학창시절-사회경력-자신의 성격이나 비전 등으로 전개되는 판에 박힌 소개서는 좋은 점수를 얻지 못한다. 자신의 장점이나 특기만 늘어놓은 자화자찬은 더더욱 곤란하다. 오히려 불우하고 힘겨운 역경과 좌절, 실패의 경험을 담담히 밝힌다. 또한 읽는 이들도 그 사람이 어떻게 그런 역경을 극복해 왔으며, 그동안 어떤 꿈을 키워 왔고, 또 앞으로는 무엇을 하고 싶어서 이곳에 들어 왔는지를 더 관심 갖고 듣고 싶어 한다. 그러다 보니 자연히 인생 역경 스토리와 드림 리스트로 초점이 맞춰지는 경우가 많다.

이런 자기소개서 전통 때문에 입사가 확정되면 제일 먼저 요구받는 것 중 하나가 입사서류용 자기소개서가 아니라, 직원 공개용 자기소개서를 다시 쓰는 일이다. 그러다 보니 이전에 썼던 '자기소개서 샘플을 좀 보여줄 수 없느냐'는 요청이 심심찮게 발생한다. 옛 것을 참고하여 새로 써야 하기 때문이다.

신입식을 대신하는 꿈과 희망의 비전선언서

자기소개서 공유 문화의 장점은 많지만 무엇보다도 좋은 것은 신입식이 따로 필요 없다는 점이다. 한 사람 한 사람 찾아다니거나 사귀면서 소개 인사를 일일이 하지 않아도 전 직원이 순식간에 그 사람의 이력과 비전을 파악하고 공유해버리기 때문이다. 어디서 나고 자랐는지, 어떤 특기를 지녔으며 꿈은 무엇인지, 또 어떤 인연으로 우리 회사에 합류하게 되었는지 등등을 전체 사원이 바로 알 수 있다. 굳이 술잔을 주고받지 않아도 마치 오래 사귄 친구 마냥 금방 친숙해지는 것이다.

조직에서 신-구세대 간 인적 자원 정보를 공유하는 것은 팀워크

를 형성하고 상호 협력을 통해 시너지를 창출하는 데 매우 훌륭한 수
단이다. 그 점에서도 자기소개서는 큰 힘을 발휘한다. 사내 인트라넷
의 게시판과 자료실에는 대다수 직원들의 자기소개서가 게재되어 있
다. 덕분에 고참이든 신입이든 누구라도 관심이 가는 이름이 있으면
언제든 파일을 클릭만 하면 된다. 자기소개서 한 편으로 전 사원들이
신입사원의 면모를 볼 수 있듯이 거꾸로 신입직원들도 고참 선배들이
남겨놓은 자기소개서를 읽어보다 보면 각 사람들의 면면을 쉽게 파악
할 수 있기 때문이다.

이러한 자기소개서 공유 문화 덕분에 KLC 사람들은 새로 입사
한 사람과도 금방 친해진다. 특별히 따로 소개할 기회가 없는 타 부서
의 사람들도 마치 오래 만난 친구 마냥 편하게 대화를 나누곤 한다.

아프리카 오지를 넘나드는 여행 마니아, 군 장성 출신의 야생
화 애호가, 사진을 위해 산행을 나서는 예비 사진작가, 에베레스트
등정이 꿈인 마라토너, 피아노학과 출신의 프로그래머, 스윙댄스 강
사가 꿈인 컨설턴트 등 말로는 일일이 다 전할 수 없는 사연들이 가
득하다.

덕분에 자기소개서는 읽는 것만으로도 즐겁고 재미가 있다. 그
저 판에 박은 인사치레용 소개서가 아니라, 각자의 숨겨진 과거로부
터 미래에 대한 꿈과 희망과 비전에 이르기까지 갖가지 이야기 보따
리들이 넘치도록 담겨 있는 까닭이다.

진진가 게임, 진짜게? 가짜게?

회사를 다니면서 옆의 동료를 얼마나 알고 지낼까?
KLC가 교육서비스를 전문으로 하는 회사이지만 모든 교육 중의 꽃은
커뮤니케이션이 아닐까.

월요일 아침 월요회의 시간에 별도의 시간을 내어 최근에 입사
한 한 사람을 주인공으로 '진진가 게임'을 실시한다. 진진가라고 하
면 조금 생소해 보이긴 하지만 말 그대로 진짜, 진짜, 가짜 게임이다.
최근 입사자는 직원 전체가 자신을 더 잘 알 수 있게 재미있는 퀴즈를
내는 것이다. 자신에 대한 진실의 내용을 7가지, 가짜로 꾸민 내용 3
가지를 준비해서 전직원 앞에서 발표를 하고 직원들은 가짜 내용을
알아맞히는 게임이다.

따라서 이 진실 게임에서 승리를 하려면 사내 인트라넷에 저장
되어 있는 최근 입사자의 이력서와 자기 소개서를 꼼꼼하게 잘 읽고

나와야 한다. 이 게임에서 이긴 사람은 아이스크림 교환권을 상품으로 받는다. 만약 아무도 맞추지 못한다면 상품권이 게임을 이끈 사람에게 돌아간다. 막상 진진가 게임의 당사자는 승리를 해도 사람들이 자신에 대해 잘 몰라준다는 느낌을 지울 수가 없어서 여간 서운한 일이라고 한다.

이 게임은 자기의 주변에서 일하는 사람에 대하여 제대로 알고 관심을 가지고 업무에 임하자는 취지에서 만들어진 것이다. 아무리 사악하고 악명이 높은 사람이라 할지라도, 가까이서 오랫동안 지켜본 사람은 함부로 그 사람을 욕하지 못하는 경우를 자주 본다. 그 사람의 상황과 처지를 잘 알고 있으면 자연히 그 사람을 감싸주는 마음이 생기게 마련이다. 회사 동료의 형편과 입장을 잘 알고 있다면 서로가 도움을 줄 수 있을 뿐만 아니라 어떤 갈등을 만났을 때 자연스럽게 해소시킬 수 있기 때문이다. 또한 그의 장점을 주변 사람들에게 알릴 수 있고 더욱 성공할 수 있도록 북돋워 줄 수도 있을 것이다.

이 게임은 단순히 회사에서뿐만 아니라 그 적용 범위를 넓힐 수도 있다. 처음 만나서 서먹한 교육 참가자들 간에 자신의 진진가를 만들어 10분 정도만 적용하면 당장 분위기가 부드러워진다. 마치 얼음을 녹이는 것처럼 사람들 사이의 긴장을 없애준다는 의미에서 아이스 브레이킹 활동이라 한다.

KLC의 고품질 서비스 교육원에서는 교육에 들어가기 전에 꼭 실시하는 SPOT 중의 하나가 진진가 게임이다. 이 게임을 잠시하고 나면 교육담당자가 무척 편해지는 것을 느낄 수 있다. 그 시간 이후 참가자 간의 교류는 저절로 이루어지기 때문이다.

얼마 전 실시한 진진가 게임의 사례를 살펴보자.

진진가 게임, 틀린 것 3개는?
배○○ 팀장

1. 태어날 때 유일하게 아버지께서 직접 받은 딸이다. ☐
2. 초등학교 때 기악부와 적십자단에서 활동했다. ☐
3. 어린 시절 집에서 가내수공업으로 의류 장사를 하였다. ☐
4. 연애경력 5년차다. ☐
5. 전공은 국제관계학이다. ☐
6. 2002년에 중국과 몽골에서 농촌봉사활동을 했다. ☐
7. 직장경력은 신용카드사가 유일하다. ☐
8. 여고시절에 학교행사 등에서 극본과 연출을 맡았다. ☐
9. 2남2녀 중 막내이다. ☐
10. 처음으로 돈을 벌었던 곳은 피자전문 레스토랑이었다. ☐

담배를 끊지 않으면 강단에 설 수 없다

다른 사람을 정복한 사람은 강하고, 자신을 정복한 사람은 위대하다.
노자

"3개월 안에 못 끊으면 회사 떠날 각오를 하시오."
KLC에 입사하는 사람들이 농담반 진담반으로 흔히 듣는 얘기다.

"아직 담배 하시나요? 음… 앞으로 3개월 안에 끊지 못하면 그냥 회사를 떠날 각오를 하시는 게 좋을 겁니다."

술에 대해서는 다소의 여지가 있다. 그러나 담배에 관해서는 특히 엄격하다. 비록 농담을 섞어서 하는 말이기는 하지만 이 말은 일종의 경고적 성격을 지니고 있다. 사내에 흡연자가 아주 없는 것은 아니지만 3개월이 넘도록 담배를 끊지 못하는 직원은 그리 오래 버거나지를 못하는 게 사실이다.

요즘은 사회적으로도 워낙 금연문화가 권장되고 확산되는 추세여서 담배 끊기를 권하는 것이 새로운 일은 아니지만 KLC의 흡연자 비율은 아주 미미하다.

담배에 관한 불문율

KLC의 대표적인 프로그램은 '성공하는 리더들의 7가지 습관'이다. 핵심적인 내용은 결국 꾸준한 자기 관리에 기초한 대인 관계에서의 신뢰확보가 모든 리더십의 기초라는 것이다. 이는 곧 좋은 습관을 생활 속에서 실천하라는 것이다. 좋은 습관을 가르치고 설파하는 사람이 그러한 습관을 스스로 몸에 배게 하여 모범이 되지 않는 한 설득력을 얻기가 어렵다는 것이다. 강사에게 모범을 요구하는 것은 매우 큰 부담이 아닐 수 없다.

따라서 다른 강의라면 또 모르지만 습관과 자기 관리에 대한 강의에 나서는 강사에게 금연은 아주 초보적인 요구사항이다. 좋은 습관을 들인다는 것은 나쁜 습관을 버리는 데 있는 것인 만큼 담배 피는 습관을 버리지 못한 데서야 습관에 대해 왈가왈부 논할 자격이 없다고 보는 것이다. '담배를 끊지 못하는 강사는 강단에 설 수 없다'는 불문율이 관행으로 굳어져 있는 것이 오히려 자연스럽게 받아들여지는 것이 바로 KLC의 문화다.

문화가 이러하니 흡연자의 고충은 상대적으로 더 심각할 수밖에 없다. 강의와는 직접적인 관련이 없는 프로그래머나 디자인 업무에 종사하는 경우 흡연자가 상대적으로 많은 편이다. 그나마 이런 조직문화 덕분에 담배를 크게 줄이거나 아예 끊게 되는 경우가 많다. 곁눈질로 신호를 하거나 메신저로 "고프지 않으셔?" 따위로 동조자를 모아 슬그머니 자리를 뜨는 경우 곧바로 주위의 눈총 아닌 눈총을 받게 된다. 이런 분위기이고 보니 끊지 못하는 사람이 오히려 이상한 게 아닐까.

술 권하지 않는 문화

하고 싶은 소중한 일들이 많음에도 불구하고 우리는 늘 바쁘다는 핑계로 중요한 일들을 등한시하곤 한다. 이런 생활 태도를 비판하면서 거론하는 대표적인 시간낭비 사례가 바로 술 먹는 데 허비하는 시간과 TV 보는 데 허송하는 시간이다. 시간관리는 KLC 강의내용의 핵심적인 부분이다. 그 때문에 담배뿐만 아니라 술 또한 KLC에서는 권장하지 않는 품목 중의 하나다.

습관적으로 술을 통해 인생의 고민을 달래거나 서로의 친밀감을 확인하는 행위도 주도적으로 행동하라는 '7가지 습관'의 정신에 어긋나는 의존적인 모습에 속한다. 술 마실 일이 줄면 그만큼 퇴근 후 남는 시간을 자기계발이나 가족과 함께 할 수 있는 시간에 투자할 여유는 늘어난다. 일 중독에 빠질 위험이 없는 것은 아니지만 밤늦게까지 일하는 야근문화 또한 권장되지 않으므로 그럴 위험성은 높지 않다.

다만, 술과 담배를 함께 나누지 않는다면 동료들 간에 사적인 사귐을 깊게 할만한 나눔의 기회가 상대적으로 줄어드는 감이 없지는 않다. 퇴근 길 '한 잔'을 당연한 문화로 여기는 사람이라면 KLC의 술 권하지 않는 문화가 야박하게 느껴질 수도 있을 것이다. 사람들과의 관계가 다소 건조하게 느껴질지도 모른다. 조직문화가 100% 좋은 것일 수만은 없다. 좋은 점의 다른 면에는 미처 담아내지 못하고 놓치는 이점도 있을 수 있다고 이해하자.

술과 담배에 관한 것은 관행적인 문화일 뿐 누구도 그것을 억지로 강제하지는 않는다. 방임이나 조직규율로부터의 일탈이 아니라, 각자의 취향과 다양성을 인정하는 것이다. 어떤 것이 바람직하다고 제시하는 것과 '그것이 바람직하므로 해야 한다'고 강제하는 것은 전혀 다른 문제다.

술을 억지로 권하지도 않지만 그렇다고 해서 먹겠다는 사람을 굳이 말리지도 않는다. KLC 문화에서 강제성을 띠는 것은 없다. 자율적인 판단과 자발적인 행동이 있을 뿐이다. 금연 금주를 권장하는 문화 또한 예외가 아니다. 그것이 필요치 않다면 안 하면 그만이다.

중요한 것은 술이나 담배로 인해 자신의 주도성을 박탈당하거나 나쁜 습관의 노예가 되지 않는 것이다. 어떤 조건에서도 자신을 스스로 컨트롤 할 수 있는 힘을 잃지 말라는 것이다. 이것이 KLC가 가르치고 실천하는 핵심 철학이다.

MVP는 아무나 하나

일을 올바르게 처리하는 것은 어렵지 않다. 문제는 무엇이 올바른 가를 아는 것이다.

린드 B. 존슨 대통령

KLC의 사명은 '우리는 원칙중심의 리더십을 통하여 개인과 조직의 성공을 돕는다' 는 것이다. 이 사명을 실행하기 위한 다섯 가지의 지배가치를 두고 있다.

KLC도 이 같은 사명과 지배가치가 공염불이 되지 않도록 하기 위해 두 달마다 지배가치를 가장 많이 실행하고 모범적으로 실천하고 있는 직원을 월요회의 때 무기명투표를 통해 MVP로 선발하고 있다.

사전에 전체메일로 후보자를 받고 그 후보자와 후보자 추천인의 추천내용을 전 직원 앞에서 사장이 공개한다. 모두들 칭찬 어린 박수를 보내고 바로 무기명투표에 들어간다.

즉석에서 당선자를 발표하고 축하해준다. 1, 2위에게는 소정의 문화생활을 즐길 수 있는 공연티켓이나 상품권 등의 부상이 주어진다. MVP를 추천한 사람에게도 아이스크림 상품권이 주어진다.

MVP에 당선된다는 것이 뭐 대수냐는 생각도 있을 수 있지만 막상 MVP에 뽑힌 사람들의 자부심은 대단하다. MVP에 뽑힌 사람들이 크게 깨닫는 것은 2가지다.

첫째, 누군가 열심히 노력하는 나를 지켜보고 있다는 것이다. 그것은 동시에 지지이자 격려임을 깨닫게 된다.

둘째, MVP제도는 강력하고 긍정적인 동기부여 효과를 발휘한다는 점이다.

최철웅 과장은 최근 2회 연속 MVP로 뽑혀 눈길을 끌었다. 외근도 잦고 회사에 상주할 수 없는 그는 주로 전체메일로 오는 회사의 공지사항과 월요회의를 통하여 회사의 정보를 공유해 왔다고 한다. 실제로 외근이 잦다보면 옆 팀의 동료들과 도 대화를 나누기가 쉽지 않다고 했다.

변방에서 열심히 일하다가 직원 모두의 투표에 의해 '선발' 될 수 있었다는 것은 크나 큰 기쁨일 수밖에 없었다. 자신이 나아가는 방향이 회사의 방향과 일치하구나 하는 뿌듯함과 보이지 않는 곳에서 일하고 있지만 인정받고 있다는 '무언의 지지' 가 당사자에겐 또 다른 추진력으로 되살아나기 마련이다. 최 과장은 부상으로 공연티켓 2장을 받아들고는 이 MVP티켓이 다가오는 겨울에 옆구리가 따뜻해질 수 있는 계기가 되었으면 하는 희망사항을 스스럼없이 공개했다.

월요회의, 일단 즐거워야 한다

모이면 시작이고, 같이 있으면 진보이고, 함께 일하면 성공이다.

헨리 포드

신유아 선생의 KLC에 대한 첫 인상은 음악으로부터 비롯된다. 2003년 11월 면접을 보고자 KLC에 첫 발을 내딛었을 때 들려온 것은 "오늘 하루 행복하길~" 김종서의 '아름다운 구속'이 아니었던가.

심한 긴장감에 손발의 떨림을 겨우겨우 감추며 면접실에 들어서려는 순간 회사를 잘못 찾아오지 않았나 하는 착각에 빠졌다고 한다. 면접을 보는 회사에서 왜 이런 음악이 흘러나오는 걸까. 음반회사도 아닌데, 그렇게 가요가 우렁차게 흘러나오는 회사를 이해할 수 없었단다.

면접실로 향하는 계단의 벽에 걸린 저 사진들은 또 무엇인가. 간판도 없는데 다단계회사는 아닌지. 면접실을 찾아가면서도 나내 심기가 불편했단다. 인터넷 사이트에서 채용공고를 보고 무슨 회사인지도 잘 모르고 원서를 냈고 결국에는 생각지도 못했던 KLC에서의 근무를 시작하게 된 셈이다.

첫 출근하던 날, 신 선생은 직속상관에게 KLC만의 독특한 문화 몇 가지를 소개받았다. 그 중에서 걱정과 기대와 호기심을 동시에 안겨준 아이템은 월요회의였다.

월요일 7시 10분 전, 8층 엘리베이터 문이 열리면 재론 경쾌하고 가끔은 은은하고 혹은 잔잔한 음악소리가 발걸음을 재촉한다. KLC의 월요일 아침은 이렇게 음악과 함께 출발한다. 비로소 면접당시 왜 '아름다운 구속'이 그리도 우렁차게 울려댔는지 알 것 같다. KLC에서는 모든 행사마다 긴장을 풀어주는 음악과 함께 시작하기 마련이다.

7시 정각이 되면 모두 대회의실인 승승룸에 모여 월요회의를 시작한다. 회의진행은 전 직원이 직급과는 무관하게 모두가 일정한 순서에 의해 꼭 한 번씩은 맡도록 되어있다. 진행을 한다는 것이 부담이 될 수도 있지만 언제 또 이렇게 많은 사람들 앞에서 회의를 진행하는 기회를 가지겠는가. 일반회사에서는 고위 간부가 아니면 이런 기회를 가지기 어렵다. 그런 면에서 보면 회의진행은 KLC직원들단의 특혜일 수도 있다.

월요회의는 간단한 식사와 함께 한다. 김밥이나 샌드위치, 죽 등이 단골메뉴다. 이것 역시 고유업무로 맡은 직원들이 동료들의 여론을 수렴해 가며 메뉴를 선정하고 주문한다.

행복한 이유

미리 정해진 순서에 의해 점지된 진행자의 진행으로 회의가 시작된 월요회의의 첫 내용은 언제나 '행복한 이유 & 칭찬해 주세요'다. 일주일 동안 개인적으로나 업무 중에서 각자가 행복했던 내용을 얘기해서 나눠 갖고 사내에서 알게 모르게 도움을 준 직원들에 대해 칭찬을 해주는 시간이다.

"드디어 미국비자가 나왔습니다", "저 결혼하게 됐습니다", "가족들과 오랜만에 공연을 함께 봤습니다", "내집을 마련해서 행복했습니다" 이런 내용도 있지만, "어제 TV에 모교인 한동대학교가 나왔어요. 못 보신 분들을 위해서 제가 녹화해놨으니 궁금하신 분은 신청하면 테이프를 빌려드리겠습니다"라든가, "어제 국망봉을 다녀왔습니다. 이제부터 진정한 산악인으로서…"라는 내용도 가능하다.

형제자매 중에 KLC의 과정을 들으러 왔다는 것도 자랑거리이고 행복한 이유가 된다. 자발적으로 마이크 앞으로 나와서 차례를 다투듯이 행복한 이유와 칭찬을 쏟아낸다. 당연히 꼭지마다 힘찬 박수와 함성이 따라 붙는다.

각자가 진정으로 행복했던 일을 얘기하면서 모두에게 행복한 느낌을 전달하고자 하는 모습이 역력하다. 그렇게 서로의 행복을 공유하고 함께 나눈다. 얘기를 하고 얘기를 들어줌으로써 서로가 더 가까워지고 또 함께 한다는 것을 느낄 수 있는 것이다.

다음 순서는 소담. 그야말로 웃기는 농담·일화·유머·영상물이 소개된다. 월요일 새벽 회의장을 웃음의 도가니로 만들어주는 순서다. 매주 다른 직원들이 준비한 소담을 꾸준히 듣다 보니 KLC인들의 최신 유머 인지도는 매우 수준이 높다. 괜히 이미 아는 유머를 소개했다간 ‘썰렁하다’는 야유와 함께 ‘다음주에 한번 더’를 부상으로 안게 되기도 한다. 그래서 가장 준비하기 힘든 순서가 바로 소담이다.

개인적인 공유시간이 지나면 바로 업무이야기로 돌아간다. 지난주에 진행된 업무와 관련해 각 부서별 보고가 이뤄진다. 교육을 진행한 경우에는 교육 평가표가 화면에 뜬다. 홍보, 경영기획, R&D, PCG, PSG 물류, 정보전략 등 부서별로 진행한 모든 행사와 업무내용을 공유한다.

지배가치를 외치고 마무리

어떤 부분은 잘못되었고, 그래서 이렇게 보완했으면 한다는 것과 어떤 부분은 잘 되었기에 앞으로 이런 부분을 잘 발전시켰으면 한다는 내용이 발표된다. 각 부서가 업무내용의 핵심적인 부분에 대해 공유하는 기회를 가지는 것이다.

시청각 자료를 활용해서 설명하기 때문에 각 부서가 지난주를 어떻게 보냈는지를 한번에 알아볼 수 있고, 바로 이어서 다음 주 행사와 업무내용도 함께 공유한다. 다른 부서의 도움이 필요하면 그 자리에서 바로 도움을 요청하기도 하고 다같이 힘을 보태야 할 사안을 강조하기도 한다. 모두가 함께라는 느낌을 다시 한번 느낄 수 있는 장면이다.

KLC 월요 교육 회의 진행 순서

1. 행복한 이유 & 칭찬해 주세요

   지난 한 주에 행복했었던 일을 나누고 칭찬하고 싶은 사람을 직원
   들 앞에서 알린다.

2. 소담

   즐거운 이야기나 영상을 공유하여 유쾌하고 즐거운 한 주를 시작
   한다.

3. 〈진진가〉 진짜? 진짜? 가짜?(틀린 것은 무엇일까요? 3개 고르기)

   한 사람에 대하여 10가지 명제를 제시하고 거짓인 것을 3개 고른
   다. 맞추는 사람에게는 작은 선물을 준다.

4. 제휴사 소식

   Franklin Covey/Corporate Coach U/Bob Pike Group/SQI
   해외 파트너 회사들의 새로운 소식을 공유한다.

5. KLC & 관련사 소식

   R&D/한국코칭센터/PCG/SQI /기획/홍보/PSG/물류 /정보전략
   KLC 각 부서별로 지난 한 주간의 소식을 전한다.

6. 부서별 WIG / KLC WIG

   WIG는 Widely Important Goal의 약자로서 올해의 가장 중요한
   목표를 얼마만큼 달성했는지 점검하는 시간

7. KLC 공유사항

   전 직원들이 함께 공유해야 할 사항들을 공지한다.

8. 1분 프레젠테이션

   전직원들이 순서를 정해 돌아가면서 준비한다.

주제는 자유, 짧은 시간에 다른 직원들에게 유용한 정보를 제공해
준다. (PDA 사용법 등)

▶ 9. 독후감
직원들이 돌아가며 좋은 책을 읽고 다른 직원들에게 추천한다.

▶ 10. KLC 지배가치 / KLC 사명서
모두가 일어서서 한 목소리로 KLC 지배가치와 사명을 외친다.

▶ 11. 월요교육
〈커뮤니케이션 스킬〉, 〈종교와 요가〉, 〈건강관리법〉 등 내부 혹은
외부 강사를 초청하여 직원들에게 도움이 될 만한 교육을 실시하며
이에 대한 기획은 직원들이 스스로 구성한다.

각 부서의 업무공유가 끝나면 1분 프레젠테이션(PT)이 이어진
다. 1분 PT는 지식의 공유를 위한 것이다. 자신이 평소에 관심을 가지
고 있던 분야에 대해서, 아니면 모두가 알면 좋을 것 같은 정보를 소개
해서 공유하는 시간이다. 그냥 상식으로 알고 있으면 좋을 것 같은, 예
를 들면 커피에 대한 지식을 들을 수 있는 것도 이 시간이다.

의외로 이 1분 PT의 인기가 높다. 그만큼 유익한 지식이 쏟아져
나오기 때문이다. 발표시간이 끝나면 순서에 따라 정해진 담당자가
독후감을 발표한다. 가끔은 외부 강사를 초청해서 간단한 강의를 하
기도 한다. 최근에는 국산 콩을 이용해서 전통식품을 만들어 파는 전
주 함씨네 아줌마가 올라와서 강단에 서기도 했다.

　2시간 정도가 걸리는 월요회의는 다같이 "우리는 원칙중심의 리더십을 통하여 개인과 조직의 성공을 돕는다"고 KLC의 사명을 외치면서 마무리한다.

솔직함 - KLC판 면죄부

우리가 실수에 대해 어떻게 대처하는가는 장차의 삶의 질에 큰 영향을 준다.
따라서 우리가 즉시 실수를 인정하고, 이것을 고침으로써 이 같은 실수가 앞으로 우리의 삶에
영향을 미치지 못하게 한다면, 우리 자신은 다시 무한한 능력을 갖게 된다.

습관 1. 자신의 삶을 주도하라

자신이 저지른 잘못을 조용히 속죄 받을 수 있다면 얼마나 좋을까? 어느 정도의 금액을 헌납하여 자신이 저지른 잘못이 남에게 알려지는 창피함도 피하고 자신에게는 죄를 씻는 느낌으로 개운한 하루를 시작한다면 어떨까?

역사적으로도 중세 말에는 면죄부란 이름으로 헌금을 내면 죄를 사면해 준 일이 있다. 성당 건설과 포교를 위하여 많은 돈이 필요해지자 헌금을 권하면서 속칭 '속죄증명서'를 남발한 것이다. 물론 그것은 종교개혁까지 이어진 부패한 교회의 모습이었다. 그런데 바로 그런 면죄부제도가 KLC에 있다.

일부러 그럴리야 없겠지만 바쁜 일상 속에서 시달리다 보면 실수를 저지르는 일이 비일비재하다. 출근을 하다 보면 교통이 밀려 지각을 할 수도 있고, 오랜만에 회사 근처로 찾아 온 친구와 점심을 먹다

보면 점심시간을 넘겨 1시간 이상 자리를 비울 수도 있다. 또 자신의 고유업무(KLC에 근무하는 사람은 누구든지 고유업무로 할당된 특별한 일을 관할한다)를 충실히 이행하지 못한 경우, 알게 모르게 원칙적인 업무 처리보다는 편법에 익숙하게 일을 처리하는 경우도 허다하다.

'솔직함'은 그런 경우에 필요한 모금함이다. 누가 뭐라 하기전에 자기 스스로 솔직하게 잘못을 뉘우치며 그 곳에 건당 1,000원을 넣는다. 어떤 친구는 한 달에 서너 번씩 솔직함에 돈을 넣어야 하는 상황에 빠지기도 한다. 대부분 직원들은 원칙에 충실하고 그런 일을 미연에 방지한다는 생각으로 생활하기 때문에 솔직함을 찾아야 할 경우가 많지는 않다.

솔직함은 직원들의 공모와 투표를 통해 이 이름을 얻었다. 특히 17가지 사내규칙을 지키지 못할 경우에는 그 날이 가기 전에 기여금을 내야 한다. 그 외에도 마음에 걸리는 것들, 예컨대 독후감 발표를 성실하게 준비하지 못했다는 것도 기여금 제출사유가 된다.

이 솔직함에 모인 돈은 담당자 외에는 아무도 만지지 못한다. 모은 돈은 문화비(영화, 연극, 뮤지컬, 공원 등 문화생활을 즐기기 위해 필요한 돈을 보태주는 지원금)라는 명목으로 다시 직원들에게 환원된다.

누군가가 지적하고 잔소리를 해야만 제대로 일을 한다는 X적 성향이 강한 사람이 있는 반면 원래 인간은 선하고 착하여 자율적인 상황 아래서 능력을 최대한 발휘한다는 Y적 관점이 강한 사람이 있다.

신뢰성 높은 KLC 만들기를 위한 우리의 약속

2004년 4월 23일 버전

1. 시간 지키기

① 월요회의는 (무슨 일이 있어도) 정각 7시에 시작하자

② 모든 회의는 정해진 시간에 시작하자

③ 토요일 당번 출근시간은 8시 30분이다

④ 회의를 겸한 식사모임을 제외하고 점심 식사는 1시간만 사용하자

⑤ 출근 시간을 지키지 못할 경우 상사에게 전화한다

2. 역할 지키기

① 당번은 정 위치에서 근무하자

② 당번이 교체되면 꼭, 꼭, 꼭 기록해 두자

③ 회사 물품의 이동 시에는 담당자의 확인을 받아야 한다

④ 공용공간을 사용한 후에는 다음 사용자를 위해 정리정돈을 하자
  - 워크숍 진행자의 경우 특히 사후정리를 철저히 한다

⑤ 변경된 휴가는 메일로 공유한다

⑥ 당직자는 당직일지를 작성한다. 당직 근무가 제대로 이행되지
  않을 경우 4회 연속 다시 한다

⑦ 월요회의 진행시 진행자에 의해 3회 이상 실수가 발견되면 그
  다음 주에 다시 진행한다. 또한 부정확한 자료를 제공한 직원은
  기여금을 내야한다

3. 약속 지키기

① 강의일정 / 진행자 / FT가 변경되면 즉시 수정하자

② 고유업무를 성실히 담당하자

③ 휴가는 게시판에 꼭 기록하자

④ 제출일을 꼭, 꼭, 꼭 지켜야 하고 그렇지 못할 경우 사전에 양해
  를 구한다. 행사 후 3일 이내에 행사 정산서를 보고한다

⑤ 기여금은 스스로 솔직함에 제출하자

위 17가지 항목을 지키지 못하면 각 1000원의 기여금을 내기로 한다

그 사람이 X적 성향이 강한지 Y적 성향이 강한지 하는 것은 2차적인 문제다. 조직에서 일하다 보면 어쩔 수 없이 발생하는 수많은 실수들을 일일이 보고하고 시시비비를 가린다면 그것만으로도 스트레스 요인이 될 수 있다.

스스로 알아서 자신의 잘못을 뉘우치고 다시 업무에 임하는 자율적 시스템은 구성주의적인 기반 아래서 적극적이고 책임감 있는 내적 성숙을 꾀할 수 있다는 점에서 의미가 크다.

망년회가 아니라 신년 축하파티로

연말의 직장인들은 망년회에 시달린다. 한 해 동안 받은 스트레스를 날려버리고 잊어버리자는 망년회 약속은 연말이면 누구나 한두 건은 잡히게 마련이다. 망년회하면 의례 술과 함께 질펀한 여흥, 쓰린 속과 홀쭉해진 지갑이 연상된다. KLC에서는 이런 망년회 대신에 '가족 신년회'를 연다.

신년회는 매년 1월 초쯤, 국내 최고의 호텔에서 임직원 가족들과 OB(퇴사자)들, 회사와 절친한 사람들을 모두 초대한다. 신년회는 한 해 동안 수고했던 서로에게 감사하고 칭찬하며, 새해를 힘차게 여는 KLC만의 독특한 문화행사다. 직원과 그 가족들 모두가 적극적으로 참여하는 신나고 유쾌한 프로그램들을 KLC인들은 일년 내내 손꼽아 기다린다.

날짜가 잡히면 가장 먼저 '올해의 사회자'를 뽑는다. 잘 어울리는 한 쌍의 커플로 정해지는데 이들은 신년회의 총책임을 맡게 된다. 신년회 컨셉을 잡고, 각 직원들에게 맡아야 할 부분을 일러주며, 전반적인 준비사항을 꼼꼼하게 점검한다.

사회자는 신년회 당일 화려한 의상과 메이크업으로도 단연 돋보이게 마련이다. 2003년도에는 영화 '졸업' 을 벤치마킹한 사회자의 등장으로 참석자들에게 큰 즐거움을 선사했다.

신년회 1~2주 전에는 지난 해를 반추하는 갖가지 설문조사가 이뤄진다. KLC 사람들이 뽑은 그 해의 'KLC 10대 뉴스', 'KLC 기네스북', 다음 해의 'KLC 예상뉴스' 등 다양한 에피소드들은 'KLC' 라는 이름으로 함께 만들어간 작년 한해를 돌아보는 계기가 되며, 다음 해를 기약하는 의미 있는 자료로 남게 된다. 그리고 자료들의 백미를 모아 위트 있는 캡션이 삽입된 사진 슬라이드가 선보인다.

신년회에서는 초대된 귀빈들과 OB들을 소개하고 소감을 발표하는 시간이 있다. 오랜만에 친정을 찾아온 OB들은 회사의 좋은 소식을 함께 기뻐하고 축하하며 옛 동료들과의 우정을 다시 한 번 확인한다. 신년회를 통해 퇴사자들에게 좋은 인상을 심어주게 된다. 이들이 나중에 가장 큰 고객이 되어 나타나는 경우도 드물지 않다.

신년회의 가장 감동적인 순서 중 하나인 감사의 시간에는 각자 '감사 리스트' 를 작성하여 발표한다. 상사들이 미리 작성해온 부하 직원들을 위한 감사의 편지를 낭독하기도 한다. 가족들이 모두 둘러 앉은 자리에서 감사의 대상이 된 직원들은 어깨가 으쓱해지곤 한다. 또 직원들 중에서 7가지 습관별로 가장 잘 실천하고 있는 사람을 선정해 교수나 팀장들이 시상하면서 '왜 이분은 상을 받아 마땅한가'를 발표하며 칭찬해 준다.

신년회의 하이라이트는 뭐니뭐니 해도 직원들의 축하무대를 꼽는다. 신년회 일정이 발표되면 직원들은 함께 웃고 즐길 수 있을만한 이벤트를 짜내기 위해 고심한다. 그리고 팀별로 혹은 띠별로 모여, 혹은 아무런 연고 없이도 모여서 소리 소문 없이 장기자랑을 준비한다.

컨셉과 내용, 출연자가 확정되면 사회자에게 이야기하고 촉박하지만 점심시간을 포함해서 업무 외 시간에 틈틈이 모여 준비를 해나간다. 사실 장기자랑 준비팀들은 신년회 당일도 즐겁지만, 함께 즐길 축제를 준비하면서 느끼는 끈끈한 동료애와 업무로 만나면서는 절대 알 수 없었던 약간은 느슨한 서로의 모습들에 준비시간이 더 유쾌했었다고 고백하기도 한다. 듀엣 스윙댄스, KLC만의 개그 콘서트 '봉숭아 학당', 엘비스 프레슬리 퍼포먼스, 라인댄스 등 생각만 해도 웃기고 신나는 프로그램들로 가득 차 있다. 직원들의 끼있는 축하무대는 초대된 귀빈들을 깜짝 놀라게 만든다.

지난해 새해의 소망을 적은 종이들을 담아 밀봉했던 타임캡슐을 개봉하고, 새로운 소망들을 적어서 담는 시간을 갖는다. 잡곡 한 포대와 같은 풍성한 선물이 준비되는 다양한 게임도 빠질 수가 없다. 회사 측에서 비용을 대고 직원들이 직접 골라 미리 준비한 선물교환 시간 등 맛있는 호텔 음식과 함께 신년회의 밤은 그렇게 저물어간다. 가족들과 함께 하는 왁자지껄한 웃음소리도 잊을 수 없는 추억으로 남는다. 힘찬 새해를 기약하며….

난초에 물주는 고유업무

뿌리를 바꾸어야 열매가 바꾸어진다. 즉, 우리가 근본을 변화시키지 않고서는
그 결과를 바꿀 수 없다. 우리가 태도나 행동만 바꾸려고 한다면,
이는 마치 나뭇잎만 잘라내는 격이다.

습관 4. 승-승을 생각하라

KLC에 소속된 사람이라면 예외 없이 꼭 해야 할 일이 있다. 그 일은 냉장고의 음료수를 주문하여 채워넣는 일이나 트로피를 반짝반짝 광이 나도록 닦는 것이 될 수도 있고, 냉온수기의 물이 떨어지지는 않았는지 살펴보는 것일 수도 있다. 누군가는 탕비실을 청소해야 하고 난초화분에 물을 줘야 한다. 뉴스레터를 새로 나온 것으로 교체하고 지난 것은 보관하는 일을 해야 하고, 복사기 주변도 정리해야 한다. 엘리베이터에 붙이는 사무실 안내가 삐뚤어지거나 떨어지면 새로 붙여야 하고, 도서 비치대의 도서대장도 작성해야 한다.

이런 소소한 일들은 '고유업무'라는 이름으로 리스트를 만들어 각자에게 배정된다. 물론 청소를 도와주는 아주머니가 있지만 손길이 미치기 힘든 일들이 있을 수밖에 없고, 그 일은 결국 누군가 해줘야 하는 것들이다. 아침시간에 개인적으로 이런 일들을 처리하기드 하고

혹은 점심시간 짬을 내서 살펴보기도 한다. 급기야는 다른 사람이 이런 업무를 제대로 하고 있는지 또는 새로운 사람이 입사를 하거나 퇴사를 하면 고유업무를 재분배해 주는 일을 고유업무로 맡은 사람도 있다.

고유업무는 자신이 편한 시간에 항상 관리하기 떠문에 원래의 업무와는 별개다. 이 일은 자신의 부서 업무와 별도로 움직이고 있지만 그 이상으로 중요하다. 혹시나 고유업무에 문제가 생기면 당연히 지적 대상이 되지만 만약 성실히 수행하고 있다면 시상도 받게 되고 모든 이의 칭찬대상이 되기도 한다.

사실 고유 업무 중에는 자신이 하고 싶은 일이 있는가 하면 정말 적성에 안 맞는 일도 있다. 그런 경우는 담당자에게 고유업무를 바꾸어 달라고 요청할 수 있다. 대부분은 협의를 해서 자신이 원하는 고유업무를 맡고 있다.

김진혁 전문위원의 고유업무는 접견실 탁자를 치우고 닦는 일이다. 많은 사람들이 오가고 또 미팅룸이 부족하기 때문에 하루에 한 번 확인해서는 부족한 부분이 있는 일이다. 기업체 교육상담과 강의가 있는 날이면 더더욱 직접 보살피기가 쉽지 않다. 그래서 자신이 가장 좋아하는 업무로 바꾸어 볼 생각을 하고 있다. 김 위원은 개인적으로 난에 물을 주고 관리하는 것이 좋다. KLC에 합류한 지 오래되지는 않았지만 이미 여러 개의 난을 살린 적이 있다. 김 위원에게는 난이 아니더라도 식물에 물을 주고 죽어 가는 것을 살리는 일이 즐겁다. 생명을 불어넣는 재주는 없지만 살아있는 생명을 관리하고 활력을 불어 넣는 것은 산업교육을 하는 자신의 일과 비슷하다는 생각이 들기 때문이다.

첫 출근을 했을 때 월요일 아침 7시까지 왔건만 이미 교육장에는 인원수에 맞게 책상과 의자가 배치가 되어 있었으며 간단한 아침식사까지 준비되어 있는 것을 볼 수 있다. 분명 일요일인 어제도 밤늦게까지 교육장에서 행사가 진행됐던 것으로 알고 있는데 얼마나 사람들이 부지런하면, 그리고 얼마나 청소아줌마가 부지런하면 월요일 아침에 이런 일이 가능할까라는 생각이 들기도 한다. 그러나 고유 업무를 이해하고 나서 답은 간단해졌다. 몇 명의 그룹이 항상 월요일 아침 교육장 배열을 책임지는 일을 고유업무로 맡고 있었기 때문에 가능한 일이었다.

자신의 부서 업무 이외에 사소해 보이고 보잘 것 없는 일처럼 보이지만 이렇게 회사를 아끼고 사랑하는 업무가 있다는 것은 행복하다. 난에 물을 주면서 혹은 접견실 탁자를 닦으면서 자신이 이 회사에 헌신을 하고 있구나, 혹은 이 회사는 정말 내 회사구나 하는 생각을 하루에도 몇 번씩이나 해보기 마련이다.

휴가는 내 맘대로 골라 쓴다

오랜만에 마음이 맞는 친구와 서울 도심에서 근사한 하루를 보내기로 한 이 대리. 광화문 근처 커피를 잘 내리는 집에서 아침 커피를 하고 덕수궁 미술관에 들렀다가 샌드위치로 유명한 곳에 가서 점심을 먹는 멋진 하루짜리 여행이었다. 동행하던 친구가 갑자기 의아해하며 물었다.

"너 평일에 이렇게 휴가를 쓸 수 있어? 보건 휴가라도 쓰니?"

"아니, 우리는 자기계발 휴가제라고 있어."

"무슨 휴가?"

공기업과 금융권을 중심으로 본격적인 주5일 근무제도가 퍼져 나가고 있는 요즘에는 많은 사람들이 이렇게 물어온다.

"토요일은 쉬나요? 회사규모가 그리 크지 않아서 아직 주5일제 안 하나요?"

"아니요, 저희는 자기계발 휴가제도라서 자율적으로 쉬어요."

직장인들 사이에서 서로의 회사 분위기에 대해 얘기할 때 가장 먼저 떠오르는 단어가 바로 '휴가' 다. 여름휴가는 며칠이나 즈는지, 월차나 보건휴가는 꼬박꼬박 챙겨먹을 수 있는 분위기인지, 휴가를 다 못 쓰면 돈으로 주는지 등.

그러다 보면 함께 얘기를 나누던 사람들이 가장 재미있어 하는 부분이 KLC의 '자율휴가제도' 이다. 그야말로 '정해진 날 안에서 마음대로 효과적으로 쉬는 것' 이라고 설명해서는 실감이 안 난다.

KLC에서 입사 후 데이트 기간을 마치고 정식 직원이 되던 달력에 빨갛게 칠해진 날 외에 연간 36일이라는 휴가일수가 주어진다. 토요일에 휴가를 사용하면 0.5일을 차감하고 평일에 휴가를 사용하면 1을 빼는 방식으로 계산을 한다. 한 달에 쉴 수 있는 일수에는 따로 제한이 없다. 다만 각자가 '자기계발' 에 알맞게 36일이라는 숫자를 12개월에 적당히 배분하면 된다.

사정이 이렇다 보니 굳이 너도 나도 휴가를 떠나는 여름휴가에 매달릴 이유가 없다. 여행경비도 싸고 덜 복잡한 봄이나 가을에 훌쩍 여행을 다녀올 수 있다. 또 각자의 업무 성격에 맞게 토요일을 다 쉬고 평일 중 열흘을 쉬어도 된다. 1년차인 경우 연간 휴가일수 36일에서 52주에 0.5를 곱해서 나온 26일을 빼면 10일이 남는다. 반면, 조용한 토요일에 업무 성과가 좋다면 평일을 골라 휴가를 사용해도 된다. 휴가 전에는 업무에 지장이 없도록 팀원들에게 휴가를 공유해서 알리고 공용칠판에 적기만 하면 아무런 문제가 없다.

휴가일수를 계산하는 것도 만만한 일이 아니다. 그것도 1년간 잘 관리해야 빠짐없이 챙길 수 있기 때문에 KLC 내에는 엑셀로 만들어진 휴가계산 시트가 나돌아 다닌다. 휴가를 2개월 전에 미리 신청해야 하는 제도는 자신의 생활을 멀리 내다보게 만들어 준다. 2개월 후의 휴가계획을 세우다 보면 다른 계획들도 자연스럽게 점검할 수 있기 때문이다. 매달 월말이면 휴가계획서를 걷는 담당자가 돌아다니며 휴가계획서 제출을 재촉한다. 휴가계획서는 경영계획서에 반영되기 때문이다.

자기계발 휴가의 재미있는 규칙 중 하나는 총 휴가 일수가 오히려 규정보다 늘어날 수 있다는 점이다. 휴가를 신청해놓고 회사 일로 피치 못 할 사정이 생기거나 긴급한 상황이 생겨서 근무를 하게 될 경우에 2배로 날짜가 늘어난다.

계획과 시간관리 능력을 중요시 여기는 회사 분위기 탓에 2개월 전에 휴가를 신청하게 되는데 피할 수 없는 회사 일정 때문에 휴가를 사용하기 못 하게 되는 경우에 해당직원이 느끼는 패배감, 즉 회사는 이기고(승) 개인이 지는(패) 느낌을 없애주기 위한 배려다.

붐비지 않는 한적한 계절에 떠났다 돌아오는 여행, 느닷없는 평일휴가를 통해 재충전하는 기분은 이만저만이 아니다. 정해진 날짜에만 쉬어야 하는 데다 눈치까지 살펴야 하는 사람들로서야 이 맛을 알 리가 없다.

1년 동안 휴가를 사용하고도 남은 휴가 일수가 있다고 해도 다음 연도로 넘겨주거나 수당으로 지급하지는 않는다. 1년 내내 '황금알을 낳는 거위'를 스스로 잘 돌보라는 뜻이다. 알을 낳는 거위가 상하지 않도록 잘 관리해야 한다.

달력에 빨간 날로 표시된 날은 아닌데 암묵적으로 쉬는 날, 예컨 대 노동절은 KLC에서는 미리 휴가를 내지 않는 한 근무하는 날이다. 왜 노동절에 쉬지 않느냐는 질문에 KLC인들은 농담을 섞어 이렇게 대 답한다. "우리는 노동자가 아니라 리더거든."

자기계발 휴가제도란?

(1) 신입직원부터 1년에 36일 휴가일수 부여

(2) 근속연수가 1년 늘 때마다 1일씩 증가

(3) 토요일에 휴가를 사용할 경우 0.5일, 평일에 휴가를 사용할 경우 1일 차감

(4) 휴가를 내고 업무를 해야할 경우 휴가일 2배 증가 (예; 토요일에 휴가를 내고 사용 하지 못 했을 경우 0.5×2=1일 증가)

(5) 휴가 신청은 전전월 말일까지 (예; 10월 휴가는 8월 말에 신청)

(6) 휴가를 바꾸어 사용해야 할 경우 부서장과 경영기획실에 미리 사유와 함께 변경 계획을 공유

(7) 승-승 합의를 할 때 자기계발형 휴가와 근로기준법 상 휴가 중 선택 가능

회사에서 즐기는 생일파티

따르르릉, 플래너그룹의 김선경 주임이 얼른 전화를 받는다.

"김 선생! 나 김 박사인데, 내 방으로 좀 들어와 봐요."

"무슨 일이실까? 갑자기 나를 찾으시고" 뜻밖의 부름을 받으면 뭐 잘못한 일이 있나라는 생각이 왜 먼저 드는 걸까. 방에 가득한 책들 때문에 '사장실' 이라기보다 '교수실' 처럼 느껴지는 김 박사님 방에 들어선다. KLC인들이 '박사님' 이라 부르는 김경섭 대표는 우선 요즘 업무가 어떤지 몇 마디 물어보고 개인 안부를 묻고는 "김선경 선생, 생일 축하해요" 밝은 웃음과 함께 선물 꾸러미를 내민다. 이유 없이 움츠러들었던 마음 때문인지 그 뜻밖의 선물 꾸러미가 더 커다랗게 보인다. 꾸벅 인사를 드리고 자리에 돌아와 조심스레 펴 보았더니 또래의 많은 친구들이 사용하고 싶어도 비싸서 쉽게 못 사는 고급 화장품이었다.

KLC 직원들은 생일 즈음이 되면 으레 김경섭 박사로부터 호출을 받는다. 그리고는 아주 '제대로 된 선물'을 받게 된다.

이 선물이 KLC의 전체 살림을 관장하는 김미선 수석부사장이 꼬박꼬박 준비한다는 것은 이미 공공연한 비밀이다. 경영진이 업무성과에만 관심을 갖는 것이 아니라 개인적인 소소한 일상에까지 관심을 가져준다는 것은 직원들에게 좋은 활력소가 되기 마련이다.

생일이 비슷한 사람들을 모아서 날을 잡아 생일파티도 열린다. 케이크와 간식거리가 준비되고 커다란 색지에다 생일 카드를 만들어 게시판에 붙인다. 이 생일축하 모듬카드는 김선경 주임의 고유업무 이기도 하다. 가장 미술재능이 뛰어난 직원에게 돌아가는 고유업무다. 서로의 생일까지 간식을 겸해 기분 좋게 축하해주는 자리가 마련되는 것이다. 생일 축하 메시지가 모이고 함께 폴라로이드 즉석사진을 찍는다. 비슷한 때에 태어난 직원들은 매년 같이 폴라로이드 사진을 찍게 되는 해프닝이 벌어지기도 한다. 자칫 서로에게 냉정해지기 쉬운 회사생활에 이런 작은 행사는 포기할 수 없는 즐거움을 안겨준다.

회사에서 즐기는 생일 파티

(1) 생일 파티는 비슷한 시기에 생일을 맞은 사람들을 모아서 진행
(2) 색지에 생일 카드를 만들어 게시판에 부착
(3) 폴라로이드 사진을 찍어 카드에 붙이고 생일 카드에 축하 메시지가 모이견 본인 자리 벽면에 부착
(4) 온 직원이 잠깐 짬을 내어 함께 모인 후, 삐에로 모자를 쓰고 폭죽을 터드리며 신나게 생일을 축하해준다.

아이디어 수집부터 결재까지 이메일로

직장인들이 출근하여 맨 먼저 하는 일은 무엇일까? 아마도 밤새 들어온 새 이메일이 없는지를 확인하는 작업일 것이다. 그렇지만 KLC 사람들은 그것보다 먼저 하는 일이 한 가지 있다. 바로 자신의 오늘의 우선업무를 생각하고 계획하는 시간을 갖는 일이다. 업무를 계획하는 방법은 사람마다 다르다. 자신만의 플래너에 꼬박꼬박 연필로 적은 경우도 있지만 아웃룩을 즐겨 쓰는 사람들은 플래닝 소프트웨어를 통해서 그날의 할 일을 바로 정리하기도 한다.

어쨌거나 하루 일정에 대한 우선순위 정리를 마무리한 뒤 맨 처음 하는 일이 대부분 이메일 목록을 확인하는 일이다.

KLC에서도 많은 업무들이 전자우편을 통해 전달되고 또 처리된다. 작은 업무 연락사항에 대한 공유나 공지사항은 물론이고, 업무활동 보고, 새로운 아이디어 수집, 회의록 공유, 기타 일정이나 이벤트

안내, 각종 계산서나 서류 발급 요청, 심지어는 특별한 부가문서를 필요로 하지 않는 사안일 경우 결재품의 및 결정사항 통보까지도 이메일을 통해서 즉각적으로 이루어진다.

넘쳐나는 사내 이메일

전자우편의 힘은 무엇보다 속전속결에서 나온다. 여럿이 논의할 사안이 아니라면 즉석 결제만큼 편한 것은 없다. KLC의 문서에 결재 확인란은 많아야 3칸 이상 만들지 않는다. 그나마도 대표 확인란은 불필요한 경우가 많다. 거의 모두 부서장 단위에서 전결처리되기 때문이다. 증빙서류를 요구하는 회계처리 관련 문서나 대외발송 공문을 빼면 굳이 종이로 보고서나 품의서를 출력하는 문화는 점차 사라지고 있다.

꼭 문서가 필요할 때는 파일로 첨부하면 그만이다. 문서번호며 수신자나 발신자를 입력할 시간에 [받을 사람]과 [참조]인을 지정하고 내용을 간단명료하게 정리하여 이메일을 발송하는 편이 훨씬 빠르고 효율적이다. 언제부터인가 이메일을 발송한다는 말 대신 "쏜다"고 표현하지만 아무도 이상하게 생각하지 않는다. 그만큼 이메일을 통한 업무교류와 커뮤니케이션이 일상화되고 있다.

이메일을 통해서 일상적인 결제사항이 통보될 수 있는 것도 바로 이러한 정보 공유 문화 덕분일 것이다. 기안자가 결재권자에게 메일로 자신의 의견에 대해 검토를 요청하면 결재권자는 거의 즉석에서 가부를 결정하여 기안자에게 회신한다. 그때 그 결정으로 인해 후속 업무를 처리해야 할 이해당사자가 있을 경우에는 담당 실무자나 그 부서 책임자를 참조인으로 추가하여 회신처리한다. 그러면 결재과정은 모두 끝이다.

이메일을 통한 결재에서 검토 결정해야 할 사항이나 프로세스는 간단하다. 꼭 필요한가? 그렇다면 무엇이 우선인가. 그 일을 수행함에 있어 기대성과는 무엇이며 성과를 내기 위해 필요한 지원사항은 무엇인가. 책임자는 누구이고 언제까지 끝낼 것인가. 이런 것들만 명확하면 된다. 굳이 형식적인 결재서류 만드느라 종이나 시간을 낭비할 필요가 없는 것이다.

달콤한 포상휴가 제도

사람이 힘을 모으면 하늘을 이기고 뜻을 하나로 하여 한결 같으면 기질도 바꿀 수 있다.
채근담

플래닝 수첩, 다이어리 업계는 연말이 성수기다. 새
해를 시작하며 많은 사람들이 새로운 마음으로 수첩을 구입하기 때
문이다.

KLC도 예외가 아니어서 연말의 플래너 그룹은 보기에 안쓰러울
정도로 바쁘고 분주하다. 회사 측에서는 집에 못 가는 플래너 그룹 근
무자를 위해 잠시라도 편안히 쉴 수 있도록 사무실 내에 따로 숙소를
마련해 놓기도 한다. 연 매출의 40% 이상을 차지하는 11~12월 성수
기의 플래너 그룹 사람들은 그래서 자칭 타칭 이렇게 불린다. 워커 홀
릭(일 중독자), P/PC 언발란스, 일과 삶의 균열, 막판 뒤집기의 명
수….

연말에 이렇게 열심히 뛴 플래너 그룹 사람들은 성수기가 끝나
면 수고한 전원이 함께 포상휴가를 떠난다. 목표 매출액을 달성했을

경우 회사에서 지원되는 예산을 고려하여, 팀원들은 미리 가고 싶은 해외 여행지를 결정해 놓는다. 성실하고 열심히 일한 후 얻어낸 탁월한 성과와 함께 플래너 그룹 사람들은 다른 KLC인들의 부러움을 온통 받으며 당당하고 쿨하게 휴가를 떠나는 것이다.

2003년 4박 5일 일본 휴가 때는 디즈니랜드에서 무려 12시간 동안 쉬지 않고 놀았다는 전설과 함께, 프랭클린코비 일본지사(FranklinCovey Japan)를 방문하여 사업 아이디어도 얻어오고, 동경의 유명한 '핸즈서점'을 둘러보기도 했단다.

2004년 중국 여행 때는 상해·항주·소주를 둘러봤다. 역시 오리주둥이, 돼지 괄약근, 오리골 등 이상한 요리들을 섭렵하며 다양한 경험과 KLC의 중국 진출에 대한 원대한 꿈을 그리며 기분 좋은 포상휴가를 즐기고 돌아왔다.

매년 함께 고생한 동료들과 신나게 떠들고 쉬며, 더 단합된 모습으로 포상휴가에서 돌아오는 플래너 그룹 사람들. 완전히 재충전된 모습으로 성실히 업무에 집중하는 모습이 주변의 부러움을 살만하다.

이외에도 KLC에서는 해외여행을 포상휴가로 거는 자체적인 이벤트가 다양하게 진행된다. 지중해 해변에서의 달콤한 휴가를 상상하며, 뉴욕에서의 환상적인 밤을 상상하며, 유럽으로의 직행을 꿈꾸며 KLC 사람들은 플래너 판매의 전의를 불태우곤 한다. 포상휴가는 조직에 활기를 불어넣고, 업무에 다양한 동기를 부여하며, 동료들과도 경쟁의식보다 오히려 더 끈끈해지는 계기가 되곤 한다.

명절 청소경연대회

진보는 변화 없이는 불가능하고, 자신의 마음을 바꿀 수 없는 사람은
그 어떤 것도 변화시킬 수 없다.
조지 버나드 쇼

입사 후 처음 맞는 추석 명절을 한 주 앞 둔 어느 날,
전체 직원에게 메일이 돌았다.

"이번 설맞이 청소 대회는 다음과 같이 팀 구역을 정했습니다.
청소 전·후 촬영한 사진과 검사를 통해 팀별·개인별 수상자를 가려
내고, 수상 팀 전원에게는 회사 앞 고급 일식당에서 전원이 점심 식사
를 할 수 있는 상을 드립니다."

"학교도 아니고, 웬 청소 검사? 아니, 그것도 팀별로 회사 구석
구석을 닦고도 모자라서 개인 책상까지 검사를 한다고? 불합격되면
합격될 때까지 집에 안 보낸다고? 학교에서 하던 환경미화 심사가 따
로 없네."

오랜만에 떠날 고향 길, 다시 만날 가족들과 친척들, 맛있는 명
절 음식, 그리고 무엇보다 직장인들이 갈급해 하는 연휴. 명절 연휴에

는 시작되기 전에 너무 설레어서는 일이 안 되고, 돌아와서는 너무 쉬어서 일이 안 되는 묘한 법칙이 있다.

특히 명절 연휴 전 날은 아무래도 회사 분위기가 술렁이기 마련이다. 기왕 일도 손에 잘 잡히지 않는 날, KLC는 대청소를 한다. 청소를 하기는 하지만 분위기는 축제와 같다.

전직원이 각자의 자리와 팀별 공용구역을 맡아서 청소 전, 청소 후 사진을 찍고 쓸고 닦고 차곡차곡 제 자리를 찾아 정리를 한다. 다들 작업복 차림으로 먼지 한 톨 용납하지 않을 듯 열심히 청소를 하는 틈틈이 마치 다이어트 before-after 사진을 촬영하듯 청소의 경과를 카메라에 담는다.

탕비실을 청소하는 팀은 냉장고와 정수기를 아예 완전히 들어내고 구석구석 청소를 한다. 성도가(성공을 도와주는 가게)를 도와주는 팀은 플래너가 잔뜩 쌓여있는 창고를 답사하고는 바로 작전계획을 세워서 앵글을 새로 짜서 배치하고 가시가 솟아있는 나무판에 접착시트를 붙여서 깔끔하게 정리했다. 이 정도면 청소가 아니라 거의 리뉴얼 건축공사에 가깝다. 이 팀은 지난 추석에 대상을 가져갔다.

청소를 하면서 안 쓰는 물건을 모아서 반납하는 리사이클링도 이뤄진다. 특히 싸인펜이나 볼펜은 쓰다가 눈에 안보이면 또 새 것을 가져다 쓰기 때문에 책상에 잔뜩 쌓여있는 경우가 많다. 그래서 볼펜 하나, 풀 하나에도 견출지를 붙여서 누구 것이라고 이름을 써넣고 주인을 찾아주는 방법을 사용하기도 한다.

명절 연휴를 마치고 돌아오면 오랜만에 일을 시작해야 한다는 부담감이 몰라보게 깨끗해진 회사 환경 때문에 금방 수그러들게 되고, 그런 기분은 청소대회 우승자를 발표하는 순간 최고조에 이른다. 우승 팀이 되어 멋진 점심 식사를 즐기는 기분은 깨끗한 환경에 이어 명절 청소 대회가 주는 두 번째 행복한 결과물이다.

명절 청소 경연대회란?

- 보통 1년에 2회, 설과 추석 명절 연휴 전에 실시
- 각 팀별로 책임질 구역 분배
- 청소 전·후 사진을 촬영하고 다 마친 후 수석부사장이 검사
- 시상은 개인과 팀, 두 종류로 실시
- 상품은 대개 공연 티켓, 일식 정식 코스

가르치는 것을 스스로 실천하라

교육대로 실천한다는 것이 KLC의 원칙이다. 참여하지 않으면 실행하지 않는다는 원리를 지켜서 대형 행사는 전직원이 참석하는 회의에서 논의하게 마련이다. PM(Project Management) 방식으로 진행되는 행사는 먼저 비전을 설정한다. 전체회의에서 해당 행사의 이해당사자가 기본적으로 어떤 욕구를 가지고 있는지 찾아내는 일로부터 시작된다.

그 대상은 일반 고객은 물론이고 경영자가 될 수도 있고 혹은 내부고객인 직원들이 될 수도 있다. 소구하는 기본욕구를 찾아내서 그로부터 비전을 만들어 낸다. 이런 과정에 전직원이 참석해서 함께 토론하는 것이다.

글로벌리더십 페스티벌이나 주니어리더십 페스티벌과 같은 대형 이벤트는 모두 이처럼 전체회의를 통해 계획을 수립하고 직원들의 자발적이고 적극적인 참여 속에서 진행된 행사들이다. 이런 행사들은 사업적인 행사라기보다는 주로 사회공헌적인 행사인 경우가 대부분이었다.

KLC 사람들은 모두 7가지 습관을 숙지하고 있다. 그래서 7가지 습관과 관련된 용어가 몸에 배어있다. 이것도 가르치는 대로 실천한다는 원칙과 맞닿아 있다. 인생의 비전을 중시하고 균형 잡힌 심신단련을 통해 이를 이루는 것을 지상의 목표로 삼고 있다.

소중한 것을 먼저 하라는 원칙을 유난히 강조하는 KLC에서는 회사의 목표와 개인의 목표가 일치하지 않으면 거침없이 떠나는 사람이 적지 않다.

떠난다고 하면 오히려 환영한다. 인간적으로는 아쉽지만 인생의 진정한 사명을 찾아서 떠나는 것 자체를 진심으로 축하해 주는 것이다.

주하제감이야

"야~, 이거 주하제에 올려야겠네."

"그래, 바로 주하제감이야."

KLC 사람들은 요즘 대화 중에 '주하제'란 단어를 습관처럼 사용한다. 주하제는 '1주일에 하나 제안하기 운동'의 줄인 말이다. 전 사원이 매주 한 가지씩 제안을 해야 하는 얼핏 듣기에도 상당히 부담스런 제도이다.

이 제도는 김경섭 박사가 미국에서 들고 왔다. 미국의 서비스 아카데미인 SQI(Service Quality Institute)가 시행하고 있는 버그데이(buck day)를 응용해서 처음엔 주천절(일주일에 1천 원 절약하기)로 시작했다. 1주일에 1달러를 절약하자는 미국 제휴사의 제도를 도입한 것이다. 1주일에 1천 원을 절약할 수 있는 아이디어 공모로 시작된 것이 상시적인 제안제도로 확대 개편된 셈이다.

2004년 말미에 주하제가 구체화되면서 처음엔 반발도 없지 않았다. 쓸만한 아이디어가 얼마나 많아서 매주 하나씩 내놓을 수 있겠느냐는 것이 불만의 원인이었다. 회사에서는 주하제를 위한 연간 포상금으로 1000만 원의 예산을 배정했다.

제안의 영역은 제한이 없다. 회사나 개인이 활용할 수 있는 것이면 좋은 제안이 된다. 출장 갔을 때 구겨진 바지를 다리미 없이 잘 펴서 입는 방법이 올라오는가 하면 대학생들에게 그룹코칭을 통해서 비전과 목표를 심어주는 프로그램을 개발하자는 묵직한 제안도 있다. 이 제안은 신규 프로그램 개발 절차를 진행 중이다.

업무가 특정 시기에 집중되는 플래너 사업부의 독특한 근무방식도 제안을 통해서 개선작업이 진행되고 있다. 성수기에 집중근무하고 나머지는 돌아가면서 3개월 장기휴가를 가도록 배려하자는 내용이다. 순환근무를 통해 3명이 2명의 비용으로 근무하게 될 이 방식은 근무자에게 여가를, 회사에는 비용절감이라는 매력을 제공한다.

전 직원이 올리는 제안은 당초 종이에 적어서 제출했으나 지금은 ERP(전사적 자원관리 시스템)에 올려 함께 공유한다. 제안은 1차적으로 부서장이 평가하고 임원진이 2차 평가를 한다. 평가결과는 점수로 매겨지는데 4등급으로 나눠 건당 1점부터 4점까지 점수를 준다. 예산절감이 되거나 활용도가 높은 제안은 4점 만 점을 받는다. 제안점수는 마일리지로 적립되고 결산을 통해서 상품선택을 포함한 다양한 혜택으로 돌아온다.

주하제가 뿌리를 내리면서 지금은 한 달에 15건 이상의 제안을 쏟아내는 제안전문가들도 적지 않다. 당초 거북하게 여기던 사람들조차 이제는 대부분 습관적으로 아이디어를 메모하고 제출하는 수준에 올랐다. 회사도 돋보이는 아이디어들을 잘 다듬어 이미 업무에 활용하기 시작하면서 실질적인 혜택을 누리고 있다.

이 상 한 사 람 들

사람이 전략보다 중요하다
(People first, Strategy second)

얼마나 많은 일을 할 수 있는지, 그리고 얼마나 매력적인지에 상관없이
다른 사람들과 함께 일할 수 없다면 큰 발전을 할 수 없다.

존 크레이그

몇 해 전 포춘지는 글로벌 기업의 뜨는 CEO를 취재한 특별 기사를 실었다. 그 기사제목이 바로 'People first, Strategy second' 였다. 한마디로 인재중심 경영을 실천하는 것이 잘 나가는 기업의 비결이라는 뜻이다.

일반 대기업에서는 외면할 수도 있는 독특한 이력의 소유자들이 KLC에서 빛을 발하는 데는 몇 가지 이유가 있다. 우선 학력이나 나이로 채용 기준을 삼지 않는다. 성별도 기준이 될 수 없다.

남다르게 일할 의지도, 능력도 있는데 우리 사회의 강력하고 획일적인 기준 때문에 좌절하는 일이 얼마나 많은가. 그런 이유 때문에 40대 이후에도 KLC의 문을 두드리는 사람이 적지 않다.

결국 조직의 성과는 다양한 사람들이 만들어내는 시너지에 의해 나오는 것이다. KLC에 물어보면 "Why not?"이란 대답이 돌아올 것

이다.

KLC는 또 성품을 매우 중시하는 조직이다. 완전히 오픈된 문화에서 피드백이 잦은 데다 팀워크로 해결하는 일이 많은 곳이다. 그런 점에서 상호 존중하는 태도가 없으면 버티기가 참 어려운 곳이기도 하다. 권위적인 태도는 비판 받기 마련이다.

평사원에게도 '선생님'이라며 존칭을 쓰고, 회사의 중요행사 때마다 가족을 초대하며, 업무와 상관없는 특기나 관심사항에 대해서도 격려와 칭찬을 아끼지 않는다.

사람은 영혼을 가진 존재다. 조직 내에서 자신을 아주 특별한 한 인간으로 봐주고, 그 소리를 들어주는 것은 기계의 부품처럼 언제나 대체 가능한 직원으로 보는 것과 아주 다른 결과를 가져온다.

그러니 직원의 헌신과 조직에 대한 애정이 남다를 수밖에 없다. KLC에는 독특한 조직문화만큼이나 독특하고 창의적인 인재가 많았고 현재도 많은 인재들을 안고 있다.

회사의 전략은 이들이 지닌 잠재력을 발휘할 수 있도록 도와주는 것일 뿐이다. 진정한 인재중시 경영의 또 다른 모습인 셈이다.

저는 선생입니다

습관이 분별보다 강하다.
조지 산타야나

"아, 그런데 직함이 어떻게 되십니까?"

"아, 네… 선생입니다."

선생이라니 여기가 학교인가? 아니다. 이 짧은 대화는 KLC에 전화한 어떤 거래처 고객이 직원에게 질문을 던지고 들은 대답이다. 고객은 순간 당황했지만 이어서 자초지종을 듣고 난 뒤에는 그냥 빙그레 웃을 수밖에 없었다.

KLC에서는 신입사원이나 직함이 없는 직원들을 선생님이라고 부른다. 회사의 최전방 실무 라인에서 아이디어를 내고 고객을 만나고 물품과 자료들을 챙기고 세금계산서를 챙기는 말단 사원을 그렇게 부른다. 굵직한 일부터 수많은 잔업처리까지 도맡아 하는 사원들을 가장 존귀한 식구로 대하는 것이다. 최전방에서 KLC의 이미지를 심어가는 일선 직원들을 소홀히 하는 사람은 KLC에서 살아남을 수 없다.

월요교육회의 시간이었다. KLC 전 직원들이 모여 회의 내내 뚫어져라 쳐다보기 때문에 싫든 좋든 오자를 점검하게 되는 회의 PT자료. 각 워크숍의 진행 상황과 피드백을 전달하고, KLC와 관계사의 소식을 총체적으로 점검하는 그 시간에 한 그룹을 책임지고 있는 임원이 '○○ 선생님'을 '○○ 씨'로 호칭했다. 얼마 후 전 직원들에게 공유사항을 발표하는 시간에, 김 대표는 직원 모두에게 "우리가 왜 직함이 없는 직원들을 선생님이라 부르지요?"라는 질문을 던졌다. 그 임원 역시 본인의 실수를 스스럼없이 인정해서 회의 분위기를 반전시켰다. '선생님'의 중요성을 모두에게 새삼 일깨워주는 사건이었다.

KLC 사람들은 축소복사와 확대복사를 가장 잘 하는 사람으로 대표이사인 김경섭 박사를 꼽는다. 전화응대, 복사, 커피 심부름 등은 보통 신입 직원들에게 돌아가게 되어있다. 그러나 KLC인들은 먹고 싶은 사람이, 복사해야 할 사람이 해야 한다고 생각한다. 대신 복사기 주변을 정리하고 커피가 떨어지지 않도록 챙기는 일은 고유업무로 정해서 직원들이 나눠 맡고 있다.

업무가 많아 바쁜 직원들에게는 아무리 상사라도 정중하게 업무 협조를 요청한다. 만약 KLC에서 '선생님'들에게 개인적인 이유로 커피 심부름을 시킨다면 어떻게 될까. 예컨대 "OO선생, 커피 좀 타와"와 같은 발언을 하게 된다면 어떻게 될까.

KLC인들에게 진짜 이상한 사람으로 각인될 것이다. 속으로 이런 생각을 하고 있을지도 모른다. '참 안타깝네. 주도적으로 커피를 타 드시면 될텐데. 나중에 부하 직원에게 어떤 사람으로 기억되고 싶으신가. 조금만 승-승을 생각하신다면 그럴순 없지.'

말단 직원을 '선생'으로 존중하는 기업문화가 꼭 KLC에서만 가능한 일은 아닐 것이다.

KLC의 이런 문화는 종종 다른 조직에서 많은 경력을 쌓고 온 경력직원들에겐 도전이 되기도 한다. 상사가 직접 복사하고 커피를 타야 하는데다가, 회의 시간에 신입직원도 당당하게 자기 주장을 펼치는 걸 보고 충격을 받는다. 어떤이는 "너무 당돌하지 않느냐?" "버릇없지 않느냐?", "너무 튀지 않느냐?"고 하는 경우도 없지 않다.

그러나 KLC에서는 '튄다는 소리 들을까봐 무얼 못했다'는 건 용기가 부족한 것일 뿐이다.

플래너와 결혼하라

리더십 특강에 심취한 청중들이 숨소리가 들릴 정도로 집중하고 있다. 점심시간도 지나고 예정되었던 마치는 시간도 30분이나 경과되었다. 참가자들은 퍼실리테이터인 김인백 부장의 개인적인 이야기를 원했다.

눈물 젖은 빵을 먹었던 사연이 강의장에 퍼져나간다. "이상으로 오늘 설명회를 모두 마치도록 하겠습니다"라고 하니 아쉬움과 뿌듯한 표정을 바로 읽을 수 있었다. 몇몇 여대생은 사인을 해달라고 한다. 가슴 속에서 울컥 보이지 않는 눈물이 흐른다.

돈이 최고의 가치였던 과거의 나

몇 년 전에 김 부장은 오로지 돈을 위하여 여러 회사를 옮겨 다니고, 돈을 벌기 위한 창업에 목숨을 건 존재였다고 한다. 어릴 적에 돈이 없어서 병원에도 못 가보고 형을 잃었던 경험이 돈을 벌어야 성공한다는 가치를 뇌리에 깊숙이 심어놓았다. 그 후로 김 부장은 중국, 영국, 프랑스 등 돈을 많이 벌 수 있는 곳과 직업을 찾아서 한 마리 하이에나처럼 헤매었다고 한다.

어느 날부터인가 김 부장은 인생을 왜 살아야 하나 하는 고민에 빠졌다. 허전했다. 아니 허무했다. 이렇게 살다가 죽는 것이라면 인생이 너무 재미없지 않은가. 뭔가 이루어야 할 꿈이 어디선가 잠자고 있지는 않을까. 40대가 넘어서 엉뚱한 번뇌의 길로 접어든 황당한 일이 발생한 것이다.

김 부장은 달렸다. 한강을 매일 달렸다. 비가 오나 눈이 오나 정확하게 1년간 365번을 달렸다. 마라톤 풀 코스를 일주일 간격으로 연속 다섯 번을 도전했다. 자신과의 싸움에 종지부를 찍고 싶은 몸부림을 치고 있었던 셈이다.

간절한 염원은 이뤄지도록 우주 만물이 도와준다

그러던 어느 날 아는 분의 서재에 프랭클린 플래너가 꽂혀있는 것을 보았다. 처음 플래너를 펼친 순간, '아! 바로 이거다. 이렇게 계획에 의하여 살면 삶이 좀 더 보람있지 않을까?' 하는 생각이 솟구쳤다. 그리고 즉시 플래너 설명회에 등록하고 수강을 했다. 이것은 그의 인생을 바꾸는 대사건이었다.

‘일단 플래너를 써서 내 인생을 보람있는 성공으로 만들자. 그 다음에 다른 사람들에게 플래너를 알리는 전도사가 되자’는 결심을 세웠다. 플래너에 시간관리 특강 강사가 되는 장기 목표를 설정하고 주간업무, 일일업무를 작성하며 ‘시간’을 관리하기 시작했다.

‘우주는 인간이 원하면 그 존재가 노력하는 방향으로 일이 이루어지기를 도와준다’는 신념을 가지고 시간관리 특강을 하는 장면을 스스로 염원했다. 관련 서적을 읽고, 플래너를 열심히 쓰면서 잠을 잘 때도 옆에 두고 자고, 심지어 산에 올라 암벽등반을 할 때도 고리에 걸어서 달고 다녔다. 정상에서 조그만 가방크기의 두꺼운 플래너를 내놓으면 옆에 있던 사람들이 웃을 때가 많았다. 힘들게 산에 올라서 사명을 다시 한번 음미하고, 깊은 자아와 내면의 대화를 나눈다. 더욱 많은 사람들이 미래를 다시 만드는 것을 돕는 사명으로 살자고….

모 캐피탈의 지점장으로 근무하며 마라톤 완주를 원하는 6명의 직원에게 한 달 동안 새벽 달리기를 지도했던 적이 있었다. 아침 식사를 해결하기 위해 전기압력 밥솥이 필요했다. 그 내용을 플래너에 기록하고 온 마음으로 원했다. 마침 신대방동의 이사하는 형님집에 들렀다가 우연히 남의 집 대문에 놓인 쓸만한 전기압력솥을 발견했다. 주인이 새 것이 생겨서 내놓은 것이니 가져가서 사용하라는 것이었다. 처음에는 우연의 일치인 줄 알았던 이런 경험은 그 후에도 계속되었다.

물렁물렁한 나의 미래, 어떻게 만들 것인가

현재는 미래를 바꿀 수 있는 시간이다. 단 지금 '이 순간'이라는 시간이 지나면 미래를 바꾸는 작업을 놓치게 된다. 지난 과거는 이미 굳어져서 딱딱해져 있다. 목표의 화살이 꽂히지 않는다. 그러나 우리의 미래는 아직 물렁물렁하다. 목표의 화살이 '피~웅' 하고 날아가서 5년 후, 10년 후에 정확히 드러난다. 화살에 적힌 목표를 플래너에 적는 것이 곧 꿈을 이루는 시작인 것을 체험하게 하는 것만으로도 감사할 일이다.

가족과 함께

시골 출신인 김 부장은 가족들끼리 모여서 식사하는 것을 빼고는 모여서 케이크를 놓고 생일파티를 한다거나 사명서를 작성해서 가족 간에 공유한다는 것은 TV속에서나 있는 일이라 여겼다. 자신의 일상과는 무관한 것으로 생각해 왔다.

입사 후 첫 신년회 때 '그냥 의무적으로 참석만 하고 행사 끝나면 집에 가면서 소주나 한 잔 해야겠다' 하고 아무 생각 없이 참석했다. 하지만 김 부장과 몇몇 총각들을 제외하고는 거의 모든 직원들이 가족이나 연인들과 함께 참석했다. 서로 인사를 나누고 게임과 오락을 즐기는 것을 지켜보면서 가슴속에 뭉클하는 어떤 것이 치밀었다. 모두가 마치 오래 전부터 알아왔던 듯이 서로의 안부를 묻고 사는 얘기를 나누는 것을 보면서 참 대단하다는 생각을 했다.

플래너의 위클리 컴파스는 역할을 구분하고 그 역할을 위해서

는 절대적인 영향력을 발휘하는 카리스마 넘치는 보스들이다.

김경섭 대표마저 무섭고 엄하기보다는 부드러운 성향을 가지고 있다. 그래서 KLC는 역동성있게 움직이면서도 전체적으로는 매우 부드러운 분위기 속에서 흘러간다.

두 임원은 서로 다른 배경과 스타일을 지니고 있으면서도 CEO 아이디어와 의지를 빠른 속도로 현실화시키는 속도감 있고 균형 잡힌 경영으로 KLC의 비약적인 발전에 결정적으로 기여했다는 평가를 받고 있다.

이 같이 절대적인 여성우세에도 불구하고 강사 충원에 여성을 집중적으로 훈련시킨다는 방침이 나왔다. 특성상 여성이 진행하는 것이 유리하다고 여겨지는 시간관리 등에 여성 강사를 집중 배치한다는 계획이다.

특별히 남자 직원들이 불이익을 당하는 일은 없지만, 여성 간부가 많은 부서에서는 남자 직원들이 주눅든다는 투정 섞인 불평도 없지 않다.

그러나 21세기의 화두가 '여성'이라지 않은가. KLC에서는 사회 전체의 여성리더십 프로그램을 본격적으로 개발하기 위한 프로젝트에 시동을 걸었다. 일명 '버들 프로젝트'로 그 결과를 해볼 일이다.

당신의 감정계좌는 어떻습니까

"어허, 그러다간 감정계좌에서 왕창 인출이야" 이건 섭섭하다는 표현이다. 감정계좌란 인간관계에서 구축하는 신뢰의 정도를 은유적으로 표현한 것이다. 이것은 우리가 다른 사람에 대해 가지는 신뢰도라고 할 수 있다.

상대방을 심하게 실망시키거나 서운하게 했을때는 '감정계좌 인출이 아니라 해지 수준' 이라는 우스개도 듣게 된다.

이 계좌를 관리하는 곳도 따로 없다. 각 개인의 마음 속에만 있는 것이다. 이 계좌를 정확하게 수치화해 주는 연산기호도 없다. 그저 각 개인의 주관적인 판단에 의해 정해질 뿐이다. 그렇다고 이 감정계좌의 잔고측정 때문에 시비를 거는 사람도 없고 걸 수도 없다. 이것은 사람과 사람에 대한 신뢰성의 문제일 뿐이다.

회사라는 공동체에 모인 사람들은 먼저 업무적인 것으로 서로의 역할이 정해질 수밖에 없다. 그렇기 때문에 피상적인 만남에서 그쳐 버리고 사람과 사람 사이의 관계가 필요 없을 수도 있다.

그러나 일과 일이 만나기 전에 사람이 먼저 만나게 되는 것이 회사다. 서로의 감정계좌를 존중해 주고 가능한 한 감정계좌의 잔고를 많이 쌓으려고 노력하는 것이 필요하다. 서로의 감정계좌가 윤택해져야 인간관계도 잘 풀리고 하는 일도 서로가 윈-윈의 관계로 잘 되어진다고 보는 것이다.

은행의 저축계좌야 돈을 넣어 예입하면 되지만 감정계좌에는 어떻게 해야 예입이 될까?

작은 배려와 칭찬, 약속 지키기 등이 예입방법이다. 마주쳤을 때 웃어주고 먼저 인사를 건네는 작은 행동이 상대에게 좋은 감정을 예입하는 것이다.

그런 면에서 보면 KLC는 회사에 이윤이 나기 이전에 서로의 마음 속에 신뢰와 사랑이 먼저 자라나는 그런 이상한 회사다.

사내결혼 하면 상을 줘요

"멀리서 찾지 말고 가까이에서 찾으세요. 가까이에서" KLC의 김경섭 대표가 사내에서 진행된 생일파티에 참석해서 안타까움을 표현했다. 사내에 이렇게 멋있고 괜찮은 여성과 남성이 많은데 왜 다들 짝이 없냐는 것이다.

실제로 3년간 캠퍼스 커플로 지내다가 결혼한 김 박사는 일로 부딪히며 서로에 대해 잘 알고 결혼한 사람들이 그저 '신비로움과 환상 속의 그대'와 결혼한 사람보다 훨씬 더 행복하게 살더라고 주장한다. 그래서 회사 내의 연애를 적극적으로 권장하고 있다.

사내 연애로 결혼에 골인하면 김 박사가 TV와 냉장고를 기본으로 선물한다. 또 여직원들이 결혼하고 싶은 남자를 데려오면 KLC에 입사시켜주겠다는 파격적인 제안까지 서슴지 않는다. 여성 직원들과, 그들이 신뢰하는 사람들에 대한 믿음이 각별한 것은 유난히 많은 노처녀들에 대한 자상한 배려가 있기 때문이다.

김 대표의 각별한 권고와 노력에 힘입어 작년에는 사내커플 두 쌍이 탄생했다. 한 쌍은 신년회의 사회자 커플로 진행을 맡은 것이 인연이 되어 같은 팀의 동료에서 연인으로 발전했고, 많은 이들의 질시 어린 축하를 받아가며 사랑을 키웠다. 다른 둘은 팀을 짜서 등산이나 마라톤을 즐기는 KLC의 주말모임에서 의기투합했다. KLC의 산악인들이 자주 가는 국망봉에서의 1박이 도화선이 되어 결혼까지 간 것으로 알려져 있다.

연애를 권장하고 장려하는 회사 분위기에도 불구하고 괜찮고 실속 있는 솔로들이 넘쳐나는 것이 현실이다. 남과 여의 문제는 7가지 습관으로도 잘 해결이 안 되는 모양이다.

이상한 사람들이 쓰는 이상한 용어들

"중도에 갔다 와서 과부하고 점심을 먹었다" 군에 다녀와서 복학한 학생으로서는 기숙사 룸메이트인 1학년 학생이 구사하는 이 말 뜻을 알아들을 수가 없었다. 중앙도서관에 갔다 와서 같은 학과 부대표와 점심을 먹었다는 뜻이란다. 어이가 없고 이상하게 느껴졌지만 모든 게 분위기 탓이려니 했다.

어이가 없고 이상한 분위기는 KLC에서도 이어진다. KLC에서 긴 이름은 견뎌 내지를 못 한다. 멋지게 지어진 긴 이름도 여지없이 2~3자로 압축된다.

부행도(부부행복 도와주기)

성도사(성공을 도움 받는 사람)

주성도(주니어 성공 도와주기)

글자 수만 줄이는 것은 아니다. KLC에서는 특유의 문화에 맞춰서 나름대로의 용어를 만들어 낸다. P/PC, 자성예언. 큰 돌, 순응적/주도적, 감정계좌, 승-승 등 다른 회사나 조직에서 사용하는 말과 전혀 다른 '이상한 용어'를 사용하고 있다. 이는 『성공하는 리더들의 7가지 습관』에서 나오는 말들로 KLC 사람들에게 너무나 익숙한 말들이다.

문화가 그렇다 보니 전혀 어색하지도 않고 원칙에 충실한 삶으로 자신을 채우려 하다 보면 자연스럽게 사용하게 된다. 어떤 여성 직원의 남자 친구는 그런 용어들이 대화 속에서 자연스럽게 흘러나오는 것을 보고는 약간 종교집단 같은 성격이 있다고 지적을 했다는 소리를 들은 적이 있다.

그만큼 체계적이고 체질화되기 쉬운 요소를 지니고 있다는 반증이기도 하다. 이런 용어들의 자성예언(자기 달성적인 예언)적인 요소가 삶을 성공으로 이끌어 준다고 KLC인들은 누구보다 확신하고 있다.

우리에겐 비전이 있다

간혹 생각을 해본다. 자신의 전공과 관련된 업무를 하고 있는 직장인이 얼마나 될까.

그리 많지는 않을 것 같다. KLC에서도 전공과는 영 다른 업무를 하는 직원이 절반이 넘는다. 질문을 바꿔 자신의 꿈을 향한 일을 하고 있는 직장인은 얼마나 될까. 우선 경제적인 필요에 따라 일을 하다 보면 자연히 자신의 전공이나 하고 싶고 원했던 일과 관련된 비전은 자연스럽게 잊혀지게 된다. 하루 종일 하는 업무이지만 생각하기에 따라서는 하루 24시간으로도 시간이 부족한 것이 직장인들의 현실이기 때문이다.

그래서 자신이 원하는 전공분야를 놓치지 않고 비전으로 세워서 그 비전을 이루기 위해 항상 노력하는 경우는 드물다. 그러나 KLC에서는 다르다. 이곳에서는 때론 비전이 없는 것이 스트레스가 되기도 한다. 그냥 일하고 먹고 그렇게 살면 되는 게 아니다. KLC인들은 그렇게 평범한 것을 싫어하는 사람들이기에 스트레스가 되더라도 자신의 비전은 꼭 가지고 있다.

KLC인들의 비전은 자신이 지금 하고 있는 업무와 관련이 있을 수도 있지만 업무보다는 자신이 좋아하고 원하는 일과 밀접한 관계를 가지고 있기 마련이다.

지금 교육 진행 업무를 열심히 잘 해내고 있는 어느 사원의 비전은 화가다. 그는 바쁜 업무일과에 힘들더라도 퇴근 후면 항상 그림 그리는 데 자신의 남은 시간을 투자한다. 또 홍보팀에 있는 직원의 비전은 자신의 재능을 봉사활동에 기여하는 것이다. 지금은 잠시 이곳에 몸담고 있지만 자신의 반려자를 만나면 함께 봉사활동에 전념하겠다는 생각이다.

자신의 업무와 비전을 일치시켜서 매진하고 있는 KLC인들도 적지 않다. 몇몇 직원은 KLC에서만 가능한 비전을 추구하기도 한다. 전문분야의 유능한 강사가 되어 사내에서 퍼실리테이터가 되는 것을 비전으로 삼고 있는 직원들도 꽤 있다. 이에 맞춰서 회사 내의 다양한 분야를 자원해서 섭렵하는 경우는 흔한 케이스다.

이렇게 각자 자신에게 주어진 업무를 처리하기에 바쁘지만 비전도 없이 빈둥거리는 KLC인은 아무도 없는 것 같다.

점심 약속이 힘든 사람들

"내가 산다는데도 점심 약속을 못하겠다고?" 점심 약속 하기가 하늘의 별따기다. 일주일 전에는 알려달라든가, 플래너에서 스케줄을 보고 가능한지 알려주겠다는 게 고작이다. 약속도 플래너 에 올려야 유효하다. 플래너의 기록이 모든 행동의 기준이 되기 때문 이다.

KLC에서는 직원이건 외부 고객이건 미리미리 점심 약속을 하지 않으면 원하는 사람과 점심 먹는 것이 거의 불가능하다.

전 직원이 프랭클린 플래너를 이용하여 시간관리를 철저히 하기 때문이다. KLC 직원들은 각자의 사명에 입각해서 장기목표, 주간계 획, 일일 일정을 세우는 것이 습관화되어 있기 때문에 갑작스럽게 약 속을 강요하는 것은 개인의 업무나 중요한 스케줄을 방해하는 것이 된다.

　　KLC인에게 점심은 그냥 밥만 먹는 것이 아니고 개인 차원의 4가지 역할 중 심신단련에서 사회적인 것에 해당된다. 이 시간에 평소에 이야기해야 할 사람, 너무 바빠서 소홀히 했던 사람과 정다운 이야기를 나눈다. 즉 입체적인 시간활용이라고 보면 좋을 것 같다. 동일한 시간대에 두 가지, 즉 식사도 하고 인간관계 증진도 하는 것이다.

　　어떤 사람은 이런 의문을 가지기도 한다. "KLC 사람들은 점심약속 하기가 힘들 정도로 시간이 없으면 인간성이 메마르지 않는가요?" 대답은 NO다. 철저한 자기관리 속에서 시간관리가 되고, 인간관계에 입각해서 계획을 세우기 때문에 훨씬 더 효과적인 인간관계를 가진다. 이런 계획이 없이 생활하는 보통의 직장인이 친구나 가족과 한 달에 몇 번 정도나 시간을 낼 수 있는지를 생각해보면 된다.

　　오히려 KLC인들은 가족들과 같이 식사를 하거나 음악회를 가는 행복한 시간을 자주 가진다. 그들이 분단위로 시간을 쪼개 쓰면서도 문화생활이 가능한 것은 바로 플래너 덕분이다.

인백스럽다

"참 특이해", "정말 독특해", "대단한 발상이야" 이런 단어들은 KLC 사람들에게 매우 익숙한 것들이다. KLC엔 정말 독특하지 않은 사람이 별로 없다. 그만큼 자기 색깔이 뚜렷하고 서로 다르다는 점에서 어울려 시너지 효과를 낸다. 그 중에서도 정말 독특한 사람이 김인백 부장이다.

그는 인생을 시간여행이라고 정의하고 14가지 서로 다른 직종을 경험했다. 중국과 영국, 프랑스에서 각종 직업을 섭렵하면서 다양하고 절박한 경험을 쌓았고 만리장성을 1,200회나 오르내렸다는 그는 생활 자체가 스토리 감이다.

오죽하면 그의 이름을 따서 '인백스럽다' 라는 형용사까지 만들어져 통용되고 있다.

'인백스럽다' 의 주인공 김인백 부장은 성도사(성공을 도와주는 사람)로 영향력의 원을 대단히 주도적으로 넓혀가고 있다.

김 부장을 얘기하면서 "인생을 바람처럼, 물처럼 흐르듯이 즐기면서 생활하는 것이 바로 이런 거구나"라고 하지 않을 수 없다.

그는 KLC에 마라톤 열풍을 몰고 온 장본인이자, KLC인들에게 암벽등반을 경험하게 하는 통로다.

언젠가 직원들과 1박2일로 등산을 간 적이 있었다. 포천에 있는 국망봉으로의 산행이었다. 저녁 무렵에 짐을 풀고 저녁식사를 하고 술도 마시고 분위기가 무르익었다. 그런데 갑자기 음식에 커다란 나방이 날아들었다. 모두들 팔을 휘두르며 나방을 쫓아내느라 야단법석인데 김 부장 왈 "나방도 다 자연이고, 사람도 자연과 함께 사는 것인데 먹어도 안 죽어, 뭘 그리 야단들이야. 그냥 먹어. 나방이 잠시 앉은 거야. 약이라 생각해야지. 나방이 놀다갔으니 나방주네" 하고는 쭈욱 들이키는 것이 아닌가. 그렇게 큰 나방을 먹어치웠다는 소문이 사내에 돌기는 했으나 진실은 아직도 확인이 안 되고 있다.

중도 탈락자가 탈진하자 헬기까지 출동시켜서 되돌려 보내고 우여곡절 끝에 국망봉 정상에서 1박을 했다. 그날 밤 그곳에 있었던 사람들은 뽀얀 은하수를 쳐다보며 별을 헤아리던 기억을 아직도 가슴속에 담고 있다.

인백 부장을 따라 암벽 등반을 다녀온 KLC인의 증언을 들어보자. 약속 장소에 모여서 주저 없이 택시를 타길래 택시비 정도는 있는 줄 알았지만, 부천 암벽장에 도착했을 때 일행은 택시비가 부족해 난처함을 겪었다. 인백 부장은 그 상황에서도 "그냥 있는 대로 내면 되는거지"라며 바로 기사와 협상에 들어갔다. 좀 모자라는 요금을 받아든 운전사도 죽이 맞았는지 "다음에 또 이용해 주세요"라는 인사말을 잊지 않았다.

플래너 그룹이 중국에 포상휴가를 갔을 때도 인백 부장이 앞장섰다. 항주에서 가이드 있는 여행은 재미없다면서 3년간 중국에 산 실력으로 직원들에게 기이한 요리를 먹이고, 관광객으로는 도저히 경험할 수 없는 농촌시장도 가보고, 인력거를 동원해서 밤거리를 누비는 아슬아슬한 경험도 할 수 있었다.

김 부장의 평소 지론을 모아보면 (1)자연과 함께 하는 한 천지에 못 먹을 것이 무엇일고. 다 먹을 수 있다. 가끔 산에 다닐 때 몸에 좋은 풀이라며 뜯어먹는 것을 목격한 증인이 있다. (2)산을 오를 때는 언제 물어도 "얼마 안 남았어. 금방 정상이야"라고 대답한다. 내려오는 사람들에게 정상이 얼마나 남았냐고 물으면 다 왔다고 하는 것과 같은 이치다. 조금이라도 힘든 느낌을 덜어주려는 의도에서다.

그런 김 부장에게 홀린 몇 명은 암벽등반 학교까지 다니면서 등반기술을 익히고 있다. 지난 추석에는 5명을 이끌고 2박3일을 설악산에서 보내고 왔다고 한다. 같이 다녀온 직원들의 표정이 심상치 않은 것을 보니 아마도 인백스러운 사건들이 적지 않게 벌어진 모양이지만 아직 사건의 전모는 제대로 밝혀지지 않고 있다.

김 부장은 요즘도 한강에서 일요일 새벽 3시에 풀 코스 마라톤을 연습삼아 매주 달린다. 2004년 마라톤 축제인 춘천 조선일보 마라톤에는 2000번을 달고 직원들과 함께 달렸다. 2003년에는 체력의 극한을 시험한다며 일주일 간격으로 풀코스를 5주 연속해서 달린 적이 있다.

그는 마라톤이 내면의 자신과 대화를 할 수 있는 기회라고 얘기한다. 뛰다보면 주변의 복잡한 일들이 머리 속에서 줄기를 찾아 차곡차곡 정리가 된다고 한다. 한강에서 열리는 마라톤 대회에 25명의 KLC 직원을 출전시킨 것도 인백 부장의 소행이다. 스포츠를 통해서 조직에 강력한 변환자를 심어나가는 것도 지극히 인백스러은 행위의 일단이다.

김 부장과 함께 했던 사람들은 늘 마무리 부분에 대한 얘기를 빼지 않는다. 체력의 한계를 체험하는 힘든 일정을 마무리하고 함께 홍어횟집에 모였다면 인백 부장의 선창에 따라 구호를 힘차게 외친다.

"여기 모인 모든 사람들의 사랑과 평화, 행복을 위하여 만세 만세 만만세!"

이렇게 구호를 외치고 나면 피로가 확 가신다고 한다. 이 우렁찬 구호는 이미 소문이 자자하다. KLC 본사가 있는 수서역의 반경 5km 이내에서는 모르는 사람이 없을 것이라는 주장이다. 약수터, 홍어횟집, 5분 걸어서 자연 속에서 심호흡을 할 수 있는 곳…이런 많은 것들을 직원들과 함께 나누는 것도 인백스러움의 일단이다.

사내 사진사 이 대리

생각이 순수하다면 당신의 생각을 말하거나 한 말을 행하기는 쉬워진다.
작자미상

임 대리의 결혼식장. 눈부시게 아름다운 신부와 듬직한 신랑이 주례사를 듣고 있다. 부부의 새 출발을 축하하기 위해 모인 친지, 친구, 직장동료들이 즐거운 모습으로 그들을 바라보고 있다.

이런 날 남는 것은 사진 밖에 없다. 사진기사는 연신 플래시를 터뜨리고, 영상 촬영기사는 신랑신부의 동선을 따라 다니며 촬영에 여념이 없다. 듬직한 체구로 사진기사와 엇갈려 신랑신부의 모습을 담고 있는 저 사람, 어쩐지 낯이 익다.

회사 내 행사와 동료의 결혼식에 어김없이 전문가용 카메라를 들고 나타나는 KLC의 공식지정 사진사는 물류팀의 이재석 대리다. 아마추어 사진작가로 각종 대회의 수상경력을 가지고 있다. 자연스러운 모습을 원해서 절대 '하나 둘 셋'을 외치지 않고 그냥 사진을 찍어대는 바람에 찍히는 사람은 당황스럽다. 그러나 잘 나온 사진을 선물로 받아든 기분은 아는 사람만 안다.

사진 찍기를 좋아하고 사람들과 어울리기를 좋아하고 개그맨에 필적하는 유머감각을 지녔으며 가방 속에 책을 두 권씩 들고 다니며 읽는 독서광이다.

그러나 이 대리를 가장 돋보이게 하는 것은 그의 좋은 성품이다. 힘든 일이 있어도 절대 화를 내거나 인상 쓰는 일이 없다. 언제 어디서나 즐거운 분위기를 이끌려고 노력하는 모습이 KLC인들이 이 대리와 함께 있기를 좋아하는 이유다.

이 대리는 KLC에서 손꼽히는 아이디어맨이기도 하다. 본사를 옮길 때는 『성공하는 이사를 위한 7가지 습관』이라는 지침서를 만들어서 이사에 따른 혼선을 많이 줄여주었다. 또 본인을 포함해 다소 육중한 사람들을 위해 '성공하는 살빼기를 위한 7가지 습관'이라는 처방을 내놓기도 했다. 월요회의 시간에 항상 앞자리가 비자 즉석에서 김 대표가 제일 뒷자리에 앉아야 한다는 아이디어를 내놓아 박수를 받기도 했다.

일찍 아버님을 여의고 어머니와 동생을 챙기는 든든한 장남 역할을 하면서도 늘 밝은 모습인 이 대리는 언젠가는 회사를 그만두고 1년 정도 세계여행을 할 계획이다. 오래전부터 이 분야에 경험이 많은 사람들을 만나고 영어공부를 하는 등 이런 저런 준비를 상당히 해놓았다.

사진실력이 뒷받침이 된 여행기를 책으로 내는 것까지 염두에 두고 있다. 지금으로서는 2006년 독일 월드컵 응원을 시작으로 세계

일주를 떠나겠다는 계획이다.

치열하게 살기보다는 여유 있게 살아야 한다는 것이 이 대리의
생각이다. 그는 이미 '작은 행복'의 묘미를 깨달은 멋진 사람이다.

비전을 좇아 떠난 사람들

자신에 대한 성취의 높이는 자신에 대한 확신의 깊이와 동일하다.
윌리엄 F. 스콜라비노

회사가 가르치는 것 중 '2상한의 일'이라는 것이 있다. 이것은 급하게 처리해야 할 일은 아니지만 중요한 일이기 때문에 뒤로 미뤘다가 잊어버리기 십상인 그런 일들이다. 급한 일들에 쫓겨서 2상한의 일들을 소홀히 하면 나중에는 일이 더 꼬이고 바빠지게 된다는 것이다.

예컨대 건강이라든지 대인관계, 자기계발 등이 그런 것들에 속한다. 이런 가르침 때문인지 어느 날 갑자기 자기가 중요하게 여기는 일들을 찾아서 떠나는 KLC인들이 적지 않다.

일반적인 잣대로 평가했을 때 더 낮은 임금과 더 많은 시간 동안 일해야 하는데도 불구하고 회사를 떠나 자신이 선택한 곳으로 이직을 하곤 한다. 남들이 보면 이상하게 느껴질 수도 있는 일들이 이곳에서는 수시로 벌어진다.

그렇게 떠나는 사람을 걱정의 눈빛으로 바라보기보다는 축하와 격려로 떠나 보내는 것도 KLC의 전통이다.

엄준호 대리는 1년 동안 KLC 교육영업 파트에서 근무를 하다가 평소 가져왔던 한의학에 대한 관심을 실천하고자 사표를 냈다. 한의학과에 입학을 목표로 10년이나 어린 친구들과 수능시험을 치렀다. KLC에 올 때도 서울대 대학원을 다니다 우연히 7가지 습관에 대한 강의를 듣고는 학업을 중단하고 바로 KLC에 입사한 케이스다.

김주영 과장은 미래에 사회에서 소외되는 사람들을 돕고자 하는 비전을 품고 있다. 이 꿈을 이루는 데는 어학이 필수적이라고 판단되었기 때문에 회사를 그만두고 지금은 남아프리카공화국에서 학교를 다니고 있다.

이호형 대리는 외식업 창업에 꾸준히 관심을 보인 끝에 최근 모 외식업체의 접시닦이 아르바이트로 옮겨갔다. 그가 회사를 떠날 때도 많은 사람들이 걱정을 하지 않은 것은 아니지만 용기있는 결단에 오히려 격려와 축하를 해줬다.

김미영 주임은 교사가 되는 꿈을 가지고 있다. 꿈을 이루고자 본격적인 공부를 위해서 사표를 냈다.

이미 떠난 사람들도 여전히 이곳에서 익힌 7가지 습관을 실천하면서 노력하리라는 데는 의심의 여지가 없다. 그리고 짧은 시간 안에 그들이 꿈을 이루리라는 기대를 걸어본다.

난 다르다

당신이 얼마나 특별한 사람인지 잊지마라. 이 세상 누구도 당신 역할을 당신보다
더 잘할 사람은 없다.

작자미상

"한국에서만 국한해서 살 생각은 하지 마라." 김은파
팀장이 어릴 때 아버님으로부터 자주 듣던 얘기다. 어릴 때 벌써 지구
본을 선물로 받아들고 세상이 넓다는 것을 실감했다고 한다. 초등학
교 시절에는 벽지 대신 세계지도가 둘러쳐진 방에서 자랐다. 대학에
서 사학을 전공하면서 트로이 유적을 발굴한 하인리히 쉴레이만(H.
Schilemann)을 존경하게 됐다. 어릴 적에 호머의 『일리아드』를 읽으
면서 꿈을 키우고 아마추어 고고학자로 마침내 자기의 꿈을 이뤄가는
쉴레이만의 행적은 김 팀장을 완전히 사로잡았다.

김 팀장은 몇 년 전까지 KLC 플래너 사업팀을 관장했다. 그녀를
아는 사람들은 특이한 경력이나 호탕한 모습보다도 먼저 '자유로움'
을 떠올리곤 한다. 스스로를 대지의 딸이라고 칭하고 지구의 구석구
석을 가슴에 품기를 희망하는 자유인이었으므로….

일반인들에게는 일탈로밖에 여겨지지 않는 일들을 그녀는 세계를 품겠다는 꿈을 이루기 위해 차근차근 경험하고 있다.

보통사람은 감히 생각지도 못할 아프리카의 최고봉 킬리만자로 우후르(Uhuru, 5,963m) 등정, 안나푸르나 베이스캠프(4,130m)로의 9박10일 트래킹, 6개월 간의 아프리카 종단여행, 다시 6개월 간의 실크로드 여행, 중국을 통해 들어간 티벳으로의 버스여행 등이 그녀의 이력서다.

킬리만자로에 오를 때는 중간에 포기하고 내려오다가 되돌아서서 등정을 마무리하는 집념을 보였다. 꼬불꼬불한 비포장도로를 버스로 오른 티벳 가는 길은 김 팀장이 가장 자주 얘기하는 절경중의 하나다.

이 밖에도 잉카제국, 앙코르와트 등 세계 불가사의와 유네스코 지정 문화유산을 하나하나 둘러봤고 앞으로도 이 같은 여행은 계속될 것이다.

여행을 하면서 겪었던 어려움과 그것을 풀어나가면서 얻게 된 경험이 그녀를 더욱 단단하고 알차게 만들었다.

지금 그녀는 또 다른 경험을 위해 무언가를 준비하고 있을 것이다. 아니 이미 실행하고 있는지도 모른다. 그녀 나이 올해 40세에 싱글이다. 사회 통념만으로 본다면 삐딱하게 바라볼 수도 있을 것이다. 이런 사회에 그녀는 당당히 얘기한다. "난 다르다"라고 말이다. 오답이 아니라 정답은 하나만 있는 것이 아니라고, 이제는 무엇을 해도 무서울 것이 없다고, 다 할 수 있을 것 같다고 말하고 싶을 것이다.

　　각자의 개성을 존중해주고 꿈은 이뤄지는 것이라고 가르치고 또 실천하는 KLC인들은 그것이 무엇이 되었든 비전이나 꿈을 찾아서 당당히 바깥 세상으로 망설임 없이 나갈 수 있는 에너지를 품고 있는 사람들이라고 할 수 있다. 그리고 남은 사람들은 그 행보를 축복해 줄 수 있는 이상한 사람들이다.

저질러라

99년 어느 월요회의 시간으로 되돌아 가보자. 화기애애한 분위기 속에서 회의는 진행이 되고 지난주 행사보고 시간, 워크숍을 맡았던 진행자가 분위기와 연수원 상태 등에 대해 피드백을 하고 있었다. "분위기는 아주 좋았지만, 연수원에서 지원이 제대로 되지 않아서 불편함이 있었습니다."

이런 피드백이 나오면 누구라고 할 것 없이 모두가 조은미 선생에게로 이목이 집중된다. '가서 한번 정리하시죠' 라고 농담반 진담반으로 얘기를 하곤 했다. 그녀는 뛰어난 해결사였다. 그만큼 일 처리를 논리적으로 또 합리적으로 체계화시키고 정리하는 데 남다른 능력을 발휘했다.

이런 꼼꼼함과 날카로움을 가진 그녀의 이력 또한 남다르다. 그녀는 여고에서 영어를 가르치는 선생님이었다. 그런 그녀가 『성공하는 사람들의 7가지 습관』을 읽고 충격을 받아 KLC에 지원했다.

한국에서 선생님이면 가장 안정적인 직업이라 할 수 있다. 그걸 벗어던지고 KLC에 입사해 컨설턴트로 활약했다. 역량을 한껏 발휘해서 많은 고객을 확보해 주고는 소위 '잘 나가던 시절'에 홀연히 모든 것을 버리고 미국행을 선택했다.

그녀는 늘 인생의 전환점(turning point)을 본인이 하는 일의 정상 부근으로 잡는다는 것이다. 일반적으로 '이제 고생은 할 만큼 했으니 성과를 많이 내서 보상을 많이 받아야지' 하는 시점에 새로운 것을 찾아 훌쩍 떠나곤 했다.

이런 행보를 통해 '조은미'라는 브랜드는 계속 성장할 수 있었다. 미국으로의 유학을 선택하면서 세웠던 목표인 'KLC를 등에 업은 조은미'가 아닌 '개인 조은미'로서 바로 서는 데 마침내 성공한 것이다.

UTSA(산 안토니오 텍사스 주립대)에서 MBA과정을 이수하면서도 KLC에서의 경험과 배움이 많은 도움이 됐다고 한다. 7가지 습관에서 얻은 경험을 통해 어려움에 직면했을 때 외부적인 환경을 탓하지 않고 주도적으로 원칙에 입각하여 대처할 수 있었다고 한다.

컨설턴트로서 많은 기업의 사례를 들을 수 있는 기회를 가졌던 것이나 프레젠테이션 기술이 특히 도움이 됐다.

지금 그녀는 글로벌 기업에서 최연소 팀장으로 일하고 있다. 옥션이베이에 입사할 당시 그녀는 HR에서 교육훈련(Training)만을 담당했다. 그러나 그녀는 다른 목표를 세웠고 HR에서 새로운 분야

(Learning & Development)를 확립해서 본인의 영역을 스스로 구축하는 놀라운 성과를 올렸다. 그녀가 국내에서 새로이 만든 양식(Form)과 시스템이 이베이 본사에서 채택되어 'Diana's report' 란 이름으로 지금도 통용되고 있다고 한다. Diana는 그녀의 영문이름이다.

그는 기존 방식을 깨는 것을 아주 좋아한다. 새로운 것에 항상 매력을 느끼고 늘 새로운 목표를 향해 질주하는 여성이다.

이제 그녀는 다시 안주를 포기하고 있다. 더 높은 목표를 이미 세웠고, 어느 정도 목표에 다가가고 있다. 아직까지 그것이 무엇인지는 밝히지는 않았지만 그녀는 해낼 것이고 언젠가 다시금 그 큰 눈과 밝은 미소로 자랑스럽게 이야기를 늘어놓을 것이다.

한가지 그녀가 요즘 고민하고 있는 것은 HR 분야가 전문가 영역임에도 아직까지 일반적인 분야로 인식되고 있다는 것이다. 그녀는 이것을 깨기 위해서 많은 공부는 물론이고 교육이 조직성과와 어떻게 직결되는지를 늘 고민하고 있다. 결혼도 고민해야 할텐데…라는 주변의 걱정에는 아직 반응이 없다. 그런 그녀가 KLC인들에게 던진 한마디는 "저질러라"는 것이다.

박사님의 춤 선생, Shall we 7H dance?

성공의 법칙에서 가장 중요한 단 하나의 요소는 사람들과 잘 어울리는 법을 아는 것이다.
테어도어 루즈벨트

이명희 선생이 임성수 대리를 처음 본건 2003년 여름 '7H 대학생 워크숍' 때였다. 이 선생은 이제 졸업을 앞둔 전형적인 대학 4학년생이었고 임 대리는 모범사원 3기를 이수하고 대학생 워크숍에 진행자로 나와 있었다.

당시 이 선생은 온갖 고민과 문제를 안고 있는 전형적인 대한민국의 교육체계를 차근히 밟아온 범생이었다.

이 선생은 임 대리를 그저 그런 회사원 아저씨로밖에 여기지 않았지만 첫날 저녁 레크리에이션 시간이 되자 이야기는 사뭇 달라졌다. 강사가 소개를 하면서 임 대리가 국내 스윙계의 2인자라는 것이다. 스윙댄스라는 것을 처음 들었을 뿐만 아니라 당시에는 포크댄스와의 차이를 몰랐기 때문이다. 2인자라고 하면 춤추는 사람일테고 여하튼 인식이 좋지 않았다.

하지만 레크리에이션이 진행되면서 음악이 흘러나오고 한 동작 한 동작 교육생들에게 가르쳐주는 스윙은 단순히 즐기기 위해서 시간을 보내는 것이 아니라는 것을 알 수 있었다. 22명의 대학생들은 서로의 몸동작에 즐거워하며 음악을 즐기기 시작했다.

그러면서도 속으로는 '이렇게 춤추고 다녀서 일은 언제 하나'라는 생각이 들기도 했지만 그 시간만큼은 즐거웠기 때문에 그냥 지나쳤다.

다음날 임 대리(당시에는 선생님이라고 불렀다)에게 물어봤다.

"스윙댄스가 꿈이라면서 왜 KLC에 와 계세요?"

"단순히 춤추는 것만으로 끝나서는 안돼, 나의 사명은 대한민국의 열린 문화를 확장하는 확장자거든. 내가 이 회사에 들어오게 된 건 가르친다는 것과 비전을 성취할 수 있는 발판이 되고 물론 재정적인 해결도 있겠지만…"

이렇게 비전을 한마디로 요약해서 말하며 그 비전을 삶에서 실천하며 산다는 것이 이 선생에게는 적지 않은 충격이었다. 저렇게 현실적인 비전을 가질 수 있을까.

그 때까지 이 선생의 패러다임 속에서의 사명이란 '지구평화, 우주정복'과 같은 허무맹랑한 단어의 나열이라고 생각했기 때문이다.

현실적이고 명확한 사명을 갖는다는 것이 얼마나 중요한지 알게 해준 임 대리의 명성은 여기서 끝나지 않았다.

워크숍이 끝나고 이 선생은 혼자 유럽으로 배낭여행을 갔다. 영국 윈저성에서 만난 한국 학생들과 이런저런 얘기를 하다가 또래 나이의 한 친구가 춤을 춘다는 얘기를 들었다.

"대학생들한테는 잘 알려져 있지는 않지만 스윙댄스라고…."

스윙댄스라고? 혹시나 임 대리를 알까 싶어서 물어봤지만 그쪽 동네에선 닉네임만 부른단다. 워크숍 때 전체 주소록에서 본 아이디가 '사탕'이어서 혹시나 하고 물어봤더니 그 친구가 소스라치게 놀랐다.

"사탕? 그 분 스윙계의 전설이야. 너 어떻게 알아? 친해? 너 이름 팔고 친한 척 해도 돼?"

이렇게 임 대리에 대한 전설과 같은 이야기는 또 한번 스쳐지나갔다.

이번에는 이 선생이 KLC에 모범사원으로 들어오게 된다. 이 선생은 직업과는 완전히 동떨어져 있다고 할 수 있는 스윙댄스를 잘 병행할 수 있을까하는 의심을 눈초리로 임 대리를 지켜봐왔다.

1년이 지난 지금 임 대리의 업무역량과 부서에서 꼭 필요한 핵심 인물이라는 점이 확인됐다.

모든 프로세스를 바로 업그레이드하는 책임을 맡고 있으며 스윙이 그의 일에 핑계가 된 것을 단 한 번도 본 적이 없다.

그리고 그의 춤은 KLC에서 축하할 일이 생기면 빠지지 않는 단골메뉴가 되어있다. 낮에는 탁월한 KLC인으로 밤에는 시대를 주름잡는 스윙댄서로 그의 변화무쌍함을 막을 자는 아무도 없다.

장군에서 '리더십 대교수'로

그의 제자들은 그를 '리더십의 대교수(大敎授)'라 부른다. 박창규 교수로부터 리더십을 배운 CEO와 학생들이 그로부터 감동을 받고 자연스럽게 붙인 이름이라고 한다.

보통의 한국 남성들은 군대 3년을 다녀와서는 틈만 나면 군대 이야기를 한다. 과거에 대한 향수와 무용담의 성격이 있기 때문일 것이다. 그러나 이런 것들은 오히려 사회생활에서 빨리 잊어야 할 부분이기도 하다.

왕년의 잘 나가던 시절 얘기로 쓸데없이 자존심의 상처를 받기도 하는 것을 공감할 것이다. 박창규 교수는 수많은 병사들을 거느렸던 장군이었다. 특히 육군 장군을 거쳐서 공군장군으로 퇴역한 분이라 군 생활에서 경험했던 화려한 과거를 버리기는 쉬운 일이 아닐 것이다.

그러나 그는 자신의 말대로 타이어를 바꿔 끼우는 Re-Tire를 한 것이다. 이제는 '원칙중심의 리더십'을 전파하는 전도사로서, 코치로서 수많은 CEO와 리더들에게 감동을 주고 있다.

군 생활을 오래하신 분들, 특히 높은 직급을 경험한 분들은 리더십 부분은 본인들이 최고라고 생각하기 쉽다. 왜냐하면 리더십이란 병사들이 자신들을 따르는 것이 전부라고 믿고 있기 때문이다.

이 분들이 이렇게 생각하는 것도 전혀 무리는 아니다. 오로지 수십 년을 계급으로 통하는 군에서 생활해왔기 때문이다. 사회 전반적인 리더십 부분에서는 당연히 패러다임이 다를 수밖에 없다.

그런데 이 뿌리 깊은 패러다임을 완전히 변화시켜서 완전히 새로운 지평을 열어젖힌 분이 바로 박창규 교수이다.

사회에서 교육을 통하여 리더십을 함양시키는 일은 자신을 송두리째 바꾸지 않고는 불가능한 일일 것이다. 아마도 표현하지도 못할 숫한 사연들이 있을 것이다.

어쨌든 그는 화려했던 자신의 경력이 담긴 구형 타이어를 모두 빼내고 새로운 타이어를 갈아 끼운 후 다시 경기장에 들어섰다. 이제는 다른 사람들의 성공을 돕느라 힘차게 강연을 하고 있다.

인생의 2막을 KLC와 함께 한 사람들

인생 2막은 누구든지 가지고 있지만 쉽게 시작되지 않는 부분이다. 여러 가지 기존의 낡은 끈을 버리고 새로운 제2의 인생을 시작한다는 것은 경험하지 못한 사람들에게는 그저 하나의 결심으로만 들릴지도 모른다.

그런데 인생 2막을 시도하여 성공한 사람들은 2막이 뱀이 허물을 벗는 것과 같이 고통스러운 것이며, 나무가 겨울을 나고 봄에 새싹을 피우는 과정에 비유한다.

이런 고통의 순간을 벗어버리고 2막을 시작한 사람들이 전문교수 전문위원 성도사 혹은 직원이 되어 KLC에서 개인과 조직의 성공을 돕는 일에 매달리고 있다. '성공하는 사람들의 7가지 습관'은 일반적인 리더십 교육과는 근본개념이 다르다.

퍼실리테이터(FT)는 이론만 습득하여 전달하는 교육을 하는 것이 아니고, 사람들의 내면에 강력한 영향을 주는 과정이다. 따라서 본인이 스스로 성공의 원리를 내면화한 사람이어야 한다.

따라서 많은 사람들이 FT를 원하지만 다 자격이 있는 것은 아니다. 다른 자격증처럼 학력이 좋아서, 전문적 지식이 있어서 되는 것은 아니고, 오히려 본인이 가르치는 대로 실천하는 의지가 중요하기 때문이다.

실천하는 사람들! 이들이 바로 KLC의 FT들이다. 급하지 않아서 미루기 마련인 2상한의 리더십을 실천하는 것이다.

박창규 교수 외에도 사회에 봉사를 하는 시민사회단체를 대상으로 리더십을 전파하는 양세진 '시민 리더십센터' 소장, 현대그룹에서 십수년 강의를 해왔고 월남전에 직접 참전하여 밀림을 누빈 방영원 전문교수, 유명 컴퓨터회사 중견간부였던 김영균 전문위원, 기자로 청춘을 불사르고 다시 태어난 이임자 전문위원, 외국계 대기업에서 20년을 근무했던 경험을 바탕에 두고 창의적 교수법으로 유명해진 유재필 전문위원, 증권업계 임원 출신으로 7H를 전파하고 있는 남관희 전문위원, 보험회사생활을 정리하고 강의와 학습의 길로들어선 최윤식 전문위원, 중국, 영국, 프랑스를 두루 다니며 14개의 직업을 가졌던 김인백 위원, 공군에서 장군을 지낸 금기연 위원 등 기라성같은 교수진이 2막으로 퍼실리레이터를 선택한 분들이다.

못된 집주인

KLC를 떠나서 오히려 더 유명해진 사람들이 있다.

한근태 교수는 서울과학종합대학원 교수로 재직하면서 컨설팅 회사의 대표이자 방송인으로 변신했다.

KLC의 소장을 맡아서 컨설팅과 경영을 병행했던 한 교수는 평소 KLC를 '못된 집주인'에 비유하곤 했다. 전세를 사는데 수시로 집세를 올려달라고 닦달을 하고 심술을 부리는 못된 집주인이 좋으냐, 아니면 가만히 있다가 2년 뒤에 기한이 차서 시세에 따라 감당하기 힘들 정도의 전세금을 한꺼번에 요구하는 집주인이 좋으냐고 물었다.

'못된 집주인'처럼 회사도 자기계발을 강조하고 조금은 못 견디게 구는 그런 회사가 좋은 회사라는 것이다. 안정적이어서 근무하기 편하고 철밥통 같은 회사가 정작 어려움이 닥쳐서 쫓겨나게 되면 그 동안 자기계발이 안 되어있기 때문에 갈 곳도 없이 영락없는 실업자가 된다는 것이다. 한 교수는 왕성한 집필활동을 하고 있는 베스트셀러 저자이기도 하다.

환경재단의 이미경 사무국장도 KLC를 떠난 후 더 분명한 비전을 찾은 케이스다. KLC초기에 남다른 열정과 실력으로 회사 기틀을 마련했던 그는 이제 NGO로 자리를 옮겨 환경재단 설립 단계에서부터 중심적인 역할을 맡아왔다. 대형 기획이나 행사를 탁월하게 진행하는 그는 KLC가 배출한 스타 중 한 사람이다.

인코칭의 홍의숙 대표도 KLC에서 분가해 나간 사례다. KLC내에서 코칭업무를 맡고 있다가 CEO코칭으로 특화해서 독립했다. 저술활동에도 열성적이어서 코칭과 관련해 몇 권의 좋은 책을 냈다.

그 외에도 KLC를 거쳐간 많은 사람들이 자신의 영역에서 전문가로 인정받으며 활발하게 활동중이다.

이 상 한 고 객 들

무료로 드립니다

주니어 리더십 페스티벌

딱 3일이면 됩니다

고객을 위해 300만 원까지 쓰세요

저렴하게 당신의 성공을 도와드림

이상한 회사는 전염된다

성공을 도와주는 가게

플래너를 사랑하는 챔피언들

파이브 파이브, 텐 텐(5-5, 10-10)

무료로 드립니다

주니어 리더십 페스티벌

딱 3일이면 됩니다

고객을 위해 300만 원까지 쓰세요

저렴하게 당신의 성공을 도와드림

무료로 드립니다

성공하는 사람의 여덟 번째 습관을 '나눔'이라고 말하는 박원순 변호사는 프랭클린 플래너의 홍보 모델을 자처하는 분이다. '성공하는 리더들의 7가지 습관 CEO 과정' 참가자이자 플래너 매니아로서 플래너에 대한 열정이 대단하다. KLC가 사회에 대한 나눔의 철학을 실천하려고 노력하는데도 일조했다. KLC는 교육의 사회 환원을 중요한 사명으로 여기고 있다.

그러한 사회 환원 정책의 일환으로 시민 사회단체, 특히 비영리 NGO에 대한 교육에 대해서는 무료특강이나 실비로 교육기회를 제공하고 있다. 대표적인 것은 '시민리더십센터'를 개설해서 주요 시민단체나 사회단체 활동가들의 역량 향상을 위해 지원할 수 있도록 라이센스를 제공해 일반 기업에 비해 훨씬 저렴하게 숙식비 수준의 교육비만 받고 꾸준히 '7Habits 워크숍' 과정을 진행하고 있다.

이 교육을 통해서 많은 시민운동 단체의 실무자들이 7가지 습관을 새롭게 이해하고 리더십의 의미를 새로 정립하고 있다.

특히 NGO 소속 간부들이나 대표들에 대해서는 일반 워크숍이나 CEO 과정에 실비로 초대하여 리더십 교육을 제공하는 일을 오래 전부터 꾸준히 해오고 있다.

학교로, 교회로, 그리고 군대로

근래 들어 서울대, KAIST, 숙명여대, 성균관대 등 주요 대학교에서 '7가지 습관'을 교양과목으로 채택하는 곳이 크게 늘고 있다. 중고등학교와 초등학교에까지 파급되고 있다. 또 사역자의 리더십 양성을 필요로 하는 종교단체나 교회는 물론이고, 군부대에 이르기까지 활동의 영역을 넓혀나가고 있다.

실제로 리더십센터의 교육에 대해 내용은 좋지만 교육비용에 부담을 느껴 '그림의 떡'이라고 생각하는 곳들이 적지 않은 게 사실이다. 그렇지만 비영리 단체를 비롯해서 교육기관이나 선교단체 등에 대해서는 다양한 경로와 방법을 통해 적절한 기회를 제공하고 있다. 각급 학교에 리더십 과정이 교과로 채택되는 추세 또한 이러한 교육 나눔 정책과 무관하지 않은 것이다.

교육을 필요로 하는 곳이 점차 늘어남에 따라 성품과 역량을 갖춘 강사진 또한 더 많이 꾸준히 배출하지 않을 수 없다. 리더십 센터는 이러한 추세에 맞추어 '전 직원의 강사화'를 추구하고, 이를 위해 평

소에도 여러 가지 기회를 통해 전 직원의 발표기술을 갈고 닦기 위해

노력한다.

주니어 리더십 페스티벌

"그 회사는 뭘 해서 돈을 버느냐."

매년 5~6월에 열리는 '주니어 리더십 페스티벌(이하 주리페)'의 전단지를 나눠주면서 주변에 아는 청소년 있으면 데려오라고 소개했더니 되돌아온 대답이다. 주리페는 이 땅의 청소년들이 비전을 품고 리더십을 배양할 수 있는 계기를 마련해주고자 기획된 대규모 행사다. 담당자들이 도시락 싸들고 쫓아다니면서 추천하고 싶을 정도로 청소년들에게 유익하다고 자부하는 행사다.

제1회 주리페 '2020년에 글로벌 리더가 될 1318 모여라'는 기본을 지켜 바르게 살려는 사람들의 모임인 태평로모임과 함께 준비해서 2003년 6월 삼성동 코엑스에서 진행됐다. 제1회였지만 약 2,300여 명의 청소년과 선생님 학부모들이 함께 참가해 크게 성황을 이뤘다. 이 시대의 오피니언 리더 12명-강지원(법률사무소 '청지' 대표

변호사, 전 청소년보호위원장), 김경섭(한국리더십센터 대표), 문용린(서울대학교 교육학과 교수, 전 교육부 장관), 박원순(아름다운가게/재단 상임이사), 서진규(하버드대 박사과정, '나는 희망의 증거가 되고 싶다' 저자), 강석진(CEO컨설팅 대표, 전 GE KOREA 회장), 강학중(가정경영연구소 소장, 전 대교사장), 김미화(개그우먼, 유니세프 홍보대사), 김순권(국제옥수수재단 이사장, 노벨평화상 후보), 오연석(THE 벤처캐피탈 대표이사), 차범근(MBC스포츠 해설위원, 전 국가대표 축구감독) 이 각각 다른 주제로 청소년들에게 귀중한 경험을 들려주었다.

각 분야에서 꿈을 키우고 성공한 명사들의 이야기는 아이들에게 진솔한 감동을 전해주었다. 이후 도깨비 스톰의 퍼포먼스, 강산에 콘서트 등의 문화 행사, 아이들이 좋아하는 축구스타 및 오피니언 리더들의 영상편지와 태평로모임 회원들의 짧은 인사도 있었다.

이날 행사는 1,000여 명의 학생 참가자들이 파란색 종이에 자신의 꿈을 적은 뒤 종이비행기로 접어 날리는 퍼포먼스로 화려하게 마감되었다. 연필로 가슴에 품었던 소중한 꿈을 종이에 또박또박 적는 아이와 이를 바라보는 흐뭇한 아빠의 모습. "하나, 둘, 셋" 구령에 맞춰 날려 보낸 2,300여 개의 하늘을 닮은 색종이 비행기는 진한 감동으로 전해졌다.

행사가 끝난 뒤 문용린 교수는 "이젠 미래를 짊어질 청소년들을 위해 우리와 같은 어른들이 나서야 한다"며 "지속적인 청소년 리더십 프로그램이 필요하다"고 강조했다.

"나는 특별해! 내 인생의 원본이 될거야!"라고 외치고 싶은 청소년들을 위해 마련한 제 2회 주리페는 2004년 6월 경희대 평화의 전당에서 열렸다.

마술사 이은결의 마술 콘서트 '꿈을 빚는 마술사', 문용린 교수의 '나는 특별하다 – 재능을 찾아가는 여행', 김경섭 박사의 '1318, 복사판이 아닌 원본이 돼라', 가수 강원래의 '새로운 나의 꿈을 찾아서', 김병묵 총장(경희대학교)의 '얘들아 이제는 글로벌 리더가 되렴', 이석휘 팀장(한국리더십센터 청소년 전문강사)의 '소중한 나의 꿈, 나의 미래' 등 풍성한 내용과 함께 진행되었다.

이렇게 매년 상반기, 청소년, 학부모, 선생님 등 누구나 원하면 무료로 참가할 수 있는 주리페는 홈페이지(www.eklc.co.kr/1318)에서 온라인으로만 참가신청이 가능하다.

주리페는 처음부터 KLC의 사명인 '원칙중심의 리더십을 통하여 개인과 조직의 성공을 돕는다'를 실현하기 위한 가장 의미 있는 프로젝트로 기획되었다. KLC가 사회에 환원할 수 있는 가장 큰 방법은 무엇일까? KLC인들은 스스로에게 질문을 해서 결론을 내렸다.

우리가 가지고 있는 제일 크고 자신 있는 자산, 이른바 양질의 리더십교육 컨텐츠를 미래 한국을 짊어지고, 세계의 리더들과 경쟁할 지금의 청소년들에게 제공하는 것이라 결론을 내린 것이다. 주리페는 바로 이런 사명감의 결정판이다.

KLC는 분명 '회사'다. 수백 명이 일하는 것도 아니다. 직원 70~80명 정도의 작은 기업에 불과하다. 직원들은 기본적으로 해야 하는 업무가 있고, 회사는 적정한 이윤을 추구하며 벌어들인 돈으로 세금도 내고, 직원들 월급도 주고, 주주배당도 하며 살림을 꾸리고 있다. 그런데 수천 명의 인원이 만족할만한 프로그램을 기획하고 만들고 홍보하고 진행하면서 참가비를 받지 않고 있다.

오랜 시간 고민하고, 열심히 발로 뛰며 주리페를 준비하는 모든 KLC 사람들의 바람은 딱 하나다. 이렇게 정성껏 준비한 잔치에 더 많은 청소년과 학부모들이 참여하여 즐겼으면 하는 것이다. 그리하여 한 사람이라도 더 "미래를 위한 소중한 꿈을 찾는 데 주리페가 도움이 되었다"고 말해준다면 그걸로 대만족이다.

딱 3일이면 됩니다

"어떻게 자신할 수 있습니까?", "다들 제 상사들이고 한자리에 모으는 것도 쉽지 않으신 분들입니다."

"어차피 교육을 하시기로 결정하셨는데 믿으셔야지요."

"믿으라고요? 믿어야지요. 그런데 그게 가능할까요?"

"딱 3일이면 됩니다."

모 기관에서 '성공하는 리더들의 7가지 습관(7H)' 교육을 시행하기로 계약을 해놓고도 프로그램이 시작되는 첫날 아침에 벌어진 일이다.

교육을 주관하는 실무자가 강의에 참가하는 높은 직급의 상사들로부터 첫 수업이 시작되기 전 이런저런 두려움과 걱정으로 컨설턴트에게 불안을 토로할 때다.

이런 경우 교육을 개최하도록 힘써준 상대방 담당자를 이해하면서도 교육진행자 스스로도 긴장하지 않을 수 없다.

퍼실리테이터와 사전에 숱하게 과정에 대해 상의도 해보았지만 강의를 앞둔 긴강감은 피할 수 없는 숙제와 같다.

"딱 3일만 참아보죠."

그 기다림의 심정은 마치 출산을 앞둔 산모의 그것과 흡사하리라.

3일째가 되어 과정을 마치고 퍼실리테이터에게 줄을 서서 악수를 건네는 참가자들의 표정과 태도를 접하게 되면 모든 걱정이 기우였다는 것이 드러난다.

오고가는 덕담 속에 흡족해하는 교육담당자의 미소는 이 과정을 성사시키기 위해 들였던 모든 피곤이 사그라들게 만드는 것이다.

7H은 보통 3일 합숙과정으로 이루어진다. 최소 24시간, 많게는 30시간 이상을 소화해내는 강도 높은 교육과정이다.

그러나 이 과정에 새로운 것은 없다. 그 이유는 스티븐 코비 박사도 말하였지만 수 년 동안의 R&D를 통하여 지난 200년 동안의 성공을 분석하여 성공을 이루도록 하는 요소들을 체계적으로 제시한 것이기 때문이다. 그렇기에 퍼실리테이터는 강의하는 것이 아니라 제시하고 질문하여 참가자들이 이미 알고 있는 것들을 다시금 일깨우게 돕는 역할을 한다.

그래서 3일이면 족하다.

그것을 몸에 습득할 수 있도록 21일 후에 다시 확인을 할 수 있는 기회를 제공하고 또한 평생 그 습관을 유지할 수 있는 시간관리 도구, 프랭클린 플래너를 제공한다. 그래서 3일이 평생으로 연결된다.

교육자체에 대하여 부정적이었던 사람들이 배우자와 자녀들의 참석을 손수 신청할 때, 참가해서 3일째 되는 날 '정말 고맙다'라는 말을 하시며 악수를 건넬 때, 노심초사하던 교육담당자들이 자신들의 상사로부터 인정받고 기뻐할 때, 그럴 때가 가장 자랑스러운 장면이다.

그것은 우리사회가 좀 더 행복한 사회, 원칙중심의 사회가 되어가고 있다는 뜻이기도 하다.

고객을 위해 300만 원까지 쓰세요

'할 수 없는 일'이 '할 수 있는 일'을 방해하게 하지 말라.

존 우든

매장에 가서 옷을 사고 어느 교육기관에 가서 교육을 수강한다. 분명 4시간 정도면 충분한 것을 2일 또는 3일씩 지루하게 교육이 진행되는 경우가 허다하다. 이런 경우 당신은 어떻게 하겠는가? 당연히 회사에서 보내 준 교육이니 중간에 나올 수도 없고 계속 듣고 있자니 화가 날테고. 이런 상황은 직장인이면 대부분 한 번 정도는 경험했을 것이다.

꼭 교육이 아니더라도 옷 매장에서 옷을 사다가 매장 내 모서리에 걸려 입고 있던 옷이 찢어졌을 경우 어떻게 하겠는가. 이런 경우 난감하기 이를 데 없다.

반대로 그런 교육을 진행하는 담당자일 경우와 옷을 판매하는 점원일 경우라면 또 어떻겠는가.

KLC는 항상 모든 교육에 명품을 추구한다. 그렇다 보니 만약 교육을 진행하다가 불만을 호소하거나 문제가 발생하면 적극적으로 대응한다. 예컨대 교육을 받고 나서 전혀 효과가 없다고 하면 100% 환불 해 준다.

고객은 KLC를 믿고 교육을 의뢰한다. 명품교육으로 꼽히는 '성공하는 사람들의 7가지 습관'도 사실은 그 배경이 신뢰에서 비롯된다. 의사결정을 하는 데 있어 그 회사의 교육은 믿을 수 있다는 확신이 섰을 때 이후 교육은 일사천리로 진행이 되는 것이다.

KLC에서는 만약 고객이 강한 불만을 제시하면 어느 직원이든지 누구의 결재도 없이 현장에서 300만 원 한도까지 보상해 줄 수 있도록 규정하고 있다. 사후에 그 조치가 적정했다고 판단되면 회사가 그 직원을 칭찬하고 표창한다.

상황이 이렇다 보니 모든 현장에서의 일을 자신 있게 처리하고 평소에도 교육품질에 있어서 완벽을 추구하려 한다. 그 사례로 매주 월요일에는 교육에 대한 R&D회의를 개최하고 끊임없이 다듬어 나간다. 또 회사 내에 품질관리위원회가 있어서 정기적으로 교육의 품질과 매뉴얼의 품질, 퍼실리테이터의 품질 등이 고품격으로 갈 수 있는 규정을 정하고 시행한다.

월요일 아침이면 지난주의 교육을 발표하면서 교육참가자의 소감이나 쓴소리를 전직원이 함께 공유한다. 이런 노력이 없이 고품질을 유지할 수 있겠는가.

서비스 기업에서는 아무리 사장님이나 임원의 생각이 좋고 고객의 마음을 잘 읽는다하여도 실질적으로 고객과 만나는 사람은 접점에서 일하는 직원이다. 아무리 훌륭한 고객에 대한 헌신적인 마음이 있어도 접점의 직원 말 한마디와 행동 하나가 회사의 이미지를 결정하게 된다.

그 요소는 좋든 싫든 바이러스로 작용하여 멀리멀리 퍼져 나간다. 좋은 바이러스를 많이 퍼뜨리기 위해서는 마인드만 가지고는 안된다. 바로 접점에서 실행이 가능하도록 평소 시스템이 잘 정비되어 있어야 한다. 이것이 임파워먼트이고 서비스 리더십인 것이다.

저렴하게 당신의 성공을 도와드림

작자미상

KLC의 대표적 프로그램이라 할 수 있는 7H의 경우 1인당 참가비가 140만 원을 넘는 고가의 교육이다. 그렇다보니 참가하고 싶어도 비싼 교육비가 장벽인 경우가 많이 있다. 그래서 KLC는 효과적인 삶을 바라는 많은 개인들을 위한, 보다 저렴한 가격의, 보다 특화된 형태의 워크숍을 많이 내놓았다.

이른바 '성공 도와주기' 프로그램들이다. 현재 성공 도와주기 프로그램에는 중학생들을 위한 '주니어 성공 도와주기' 워크숍, 2~30대 청년들을 위한 '청년 성공 도와주기' 워크숍, 기혼 및 예비 부부들을 위한 '부부 행복 도와주기' 워크숍, '중소경영인 성공 도와주기' 워크숍이 그런 것들이다. 3~4시간 정도의 짧은 워크숍이지만 강력하게 패러다임을 확 바꿔주고, 아이디어를 얻어갈 수 있어서 인기가 높다.

주니어 성공 도와주기의 경우 중학교에 다니는 1~3학년 청소년들이 자신의 꿈을 펼치며 성공하는 인생을 살 수 있는 데 필요한 토대를 만들어주도록 고안되었다. 반드시 부모 중 한 사람과 함께 참여해야 한다.

인생의 비전과 목표를 설정하고 매일의 삶 속에서 구체적인 계획을 통해 목표를 실행할 수 있도록, 성공적인 삶을 살았던 사람들의 습관을 알려주는 자녀 프로그램. 자녀의 성공을 도와주는 자성예언과 코칭기법, 효과적인 시간관리법을 알려주는 부모 프로그램.

함께 워크숍에 참가한 자녀와 부모는 이렇게 따로 워크숍에 참가하다가 마지막 한 시간을 같은 강의장에서 만난다. 이때 퍼실리테이터의 전문적인 가이드와 함께 서로가 바라는 점을 진술하고 구체적으로 얘기하고 이를 문서로 만드는 시간을 갖는다. 말 그대로 물고기를 잡아주는 대신, 효과적이고 성공적인 삶이라는 물고기를 낚는 법을 알려주는 워크숍이다.

청년 성공 도와주기 워크숍은 20~30대들이 젊은 시절의 황금 같은 시간을 낭비하지 않고 스스로 인생의 사명과 비전을 발견하고 평생 직업을 찾는 데 도움을 주는 프로그램이다. 워크숍 이후 20명 이상이 동시 전화 접속이 가능한 '텔레클래스'를 통해 성공 사례와 경험담을 공유한다. 또 국제코치협회(ICF) 인증교육을 받은 전문 코치로부터 두 달간 커리어 무료 코칭과 상담을 받을 수 있다.

부부 행복 도와주기 워크숍은 다정하고 사랑이 가득한 부부관계가 행복한 가정의 근본이라는 전제에서 시작한다. 근본적인 남녀의 차이는 무엇인가. 10년을 살아도 몰랐던 서로의 바라는 점을 객관적으로 보여주고 의사소통법, 가정경제원칙, 부부사명 등의 다양한 방법으로 서로에 대한 이해를 더 깊게 하여 아름다운 가정생활을 돕는다.

중소경영자 성공 도와주기는 말 그대로 '잘되는 사업장' 의 특징과 노하우를 모아 알려주는 워크숍이다. 고객이 열광하는 성공가게들은 어떤 특징을 가지고 있는가, 고객을 대하는 중소기업 경영인들의 마인드와 전략은 어떠해야 하는지 길잡이가 되어준다.

이렇게 '성공 도와주기' 프로그램은 다양한 개인들이 현재의 위치에서 성공을 어떻게 꿈꾸고 이룰 수 있는지 가이드해 준다.

KLC 직원이라면 누구나 교재비만으로 성공 도와주기 프로그램에 참가할 수 있는 초대권을 증정할 수 있는 권한이 있다. 이는 KLC가 이 프로그램들의 운영을 통해 이익보다는 양질의 교육 프로그램을 보다 많은 사람들이 접할 수 있도록 하는 데 의의를 두기 때문이다. 이는 바로 KLC의 사명인 '원칙중심의 리더십을 통해 개인과 성공을 돕는다' 는 사명을 실현하기 위한 것이기도 하다.

이상한 회사는 전염된다

사람들 간의 정신적, 감정적, 심리적 차이점들을 소중히 여기는 것이 시너지의 본질이다. 그리고 이들 차이점을 소중히 여기는 관건은, 모든 사람들이 세상을 있는 그대로가 아니라 자기 자신의 관점을 통하여 본다는 것을 깨닫는 것이다.

습관 6. 시너지를 내라

오라클은 처음에 교육팀의 일부 인원이 7H과정을 들었다. 이를 계기로 지금은 전 직원이 KLC의 과정을 이수하는 적극성을 보이고 있다. 전 직원이 플래너를 의무적으로 사용하고 있다. 열성적인 일부 직원들의 노력으로 사원 전체가 7H에 감염된 케이스다.

글로벌 기업이기 때문에 커뮤니케이션과 개인주의적인 조직문화 때문에 나름대로 속앓이를 해온 오라클은 7H를 통해서 많은 문제를 해결한 것으로 알려져 있다. 지정교육 과정을 온라인으로 공유하면 점심시간 전에 30명 정원이 다 채워질 정도로 분위기가 바뀌었다.

유한킴벌리는 7H를 기초로 정도경영과 투명경영을 실천하는 회사로 정평이 나 있다. 특히 문국현 사장 본인이 『성공하는 사람들의 7가지 습관』을 번역출간하려 했다고 할 정도로 7H 마니아다. 전 사원이 과정을 수강하고 플래너를 사용하고 있다.

"

중소 화장품업체인 LCC는 사명서에 '7H 정신을 기본으로 한다'고 명기하고 있는 회사다. 신입사원은 입사 후 3개월이 지나면 책과 플래너를 지급받는다. 백성천 대표가 강사과정을 이수하고 원칙중심의 회사로 거듭나기 위해 많은 노력을 기울였다. 97년 11월에 창업한 이 회사는 경영진의 가족들이 전혀 없고 직원 중에서 전문경영인이 나와야 한다고 공표한, 그야 말로 '원칙 중심의 리더십'을 실천하고 있는 회사이다.

고급형 ERP시스템을 도입해 완벽한 전산화를 이뤄낸 덕분에 최근 산자부 장관의 표창을 받기도 했다. 명찰에 직위나 부서 표시가 없이 이름만 적혀있고 간부들이 화장실 청소를 하는 독특한 회사다.

한독약품은 직원 뿐 아니라 직원의 가족들에게까지 7H워크숍을 실시해오고 있다. 그외에도 많은 기업들이 7H정신을 조직경영에 도입해서 독특한 문화들을 만들어 내고 있다.

성공을 도와주는 가게

성도가, 성공을 도와주는 가게인 동시에 성공에 필요한 도구들을 파는 가게다. 종로점을 1호점으로 문을 열었다.

성도가는 KLC가 운영하는 새로운 개념의 공간으로 프랭크린 플래너를 비롯하여 도서, 소프트웨어, PDA, 교육도구, 액자 및 성공관련 전시품 등 인생의 성공을 이루기 위해 필요한 각종 생산성 향상 도구를 판매하는 가게다.

2003년 11월에 종로점이 문을 연 후로 본사에 본점을 열었고 전주에 3호점, 광주 충장서점에 4호점을 열었다.

종로점은 KLC에서 강의를 하던 김능원 이사가 가족들과 함께 운영하는 형태로 시작되었다. 가게 주인인 김 이사는 효과적인 시간관리에 대해 1,000회 이상의 강연경력을 지닌 전문가다. 종로점은 플래너와 관련된 온라인 커뮤니티나 동호회, 혹은 스터디그룹에서 강연장을 자유롭게 사용할 수 있도록 개방하고 있다.

전주점은 인생의 2막을 7H와 함께 하겠다는 열정의 전도사 최인태 이사가 전주 교육원과 함께 문을 열었고, 광주점은 충장서점의 영업부장이 비전을 보고 독립해서 충장서점 2층에 별도공간을 얻어서 개점했다.

성도가에서는 정기적으로 플래너 사용설명회를 열어서 성공하고 싶어하는 사람들과 꿈이 있는 사람들에게 가는 길을 알려주는 역할을 한다.

플래너를 사랑하는 챔피언들

참된 친구는 자신만의 이익을 생각하지 않는 법이다.

속담

플래너는 아무래도 복잡하고 사용하기가 쉽지 않다. 특성상 내용을 모르면서 선뜻 사기도 부담스러운 물건이다. 그래서 2002년 부터 플래너 사용법을 주변 사람들에게 알려주고 판매도 돕는 플래너 코치 제도를 도입했다.

플래너 코치는 플래너 사용자 중에서 '소중한 것 먼저 하기' 혹은 '성공하는 리더들의 7가지 습관' 프로그램을 수강한 사람 중에서 엄선한다. 현재 300여 명이 활동 중이고 이들에게는 할인쿠폰을 발행할 수 있는 특전을 주고 있다.

절대 할인을 하지 않는 플래너를 10% 할인된 가격에 살 수 있는 쿠폰을 발행할 권한이 주어지며, 동시에 이들을 통해 효과적인 시간 관리법을 전파하도록 하는 것이다. 또 플래너 사용을 설명하기 쉽게 만든 무료 샘플 플래너를 공급해 준다.

플래너 코치들은 강력한 마니아들로 단순히 마일리지를 높이거나 금전적 이득을 위해서 보다는 플래너가 좋아서 활동하는 사람이 대부분이다.

플래너 사용법에 대한 내용을 다루는 온라인 커뮤니티가 50여 개나 된다. 마니아들이 자발적으로 운영하는 카페와 온라인 동호회는 10만 명에 가까운 회원들을 거느리고 있는 것으로 알려져 있다.

직원들보다 더 열성적인 팬들을 KLC에서는 '챔피언'이라고 부른다. 수강생 중에도 챔피언들이 있고, 플래너 사용자들 중에도 많은 챔피언들이 있다. 이들은 창의적인 아이디어를 제안하기도 하고, KLC의 열렬한 지지자이자 비판자이기도 하다.

3일 과정을 이수하고 변화된 모습으로 주변의 모범이 되는 장기적인 챔피언은 자신을 드러내지 않고 묵묵히 7가지 습관을 실천하는 사람들이다.

박원순 변호사는 해외여행을 다닐 때면 늘 몇 개씩의 수첩을 사오곤 했다. 그러다가 3년 전 세븐해빗 과정을 이수하면서 플래너를 만나고 나서부터는 수첩을 사모을 필요가 없어졌다. 박 변호사는 "10년만 먼저 플래너를 알았더라면 지금의 내가 아니라 다른 모습으로 변해 있었을 것"이라고 할 만큼 플래너를 극찬한다. 스스로 평생 광고모델을 자처할 정도로 열성적이다. "이게 세상에서 최고로 좋다"는 광고카피도 박 변호사의 심정을 그대로 반영한 것이다.

김성주 성주인터내셔널 사장도 플래너없이는 일정관리가 안 될 정도로 플래너 의존도가 높은 사람이다.

토스트로 1억 원 연봉신화의 주인공이 된 석봉토스트체인의 김석봉 사장은 공공연하게 자신이 플래너를 사용하지 않았다면 이 자리까지 올 수 없었다고 얘기하는 사람이다. 매일 매일 고객들의 반응을 플래너에 적었고 책을 쓸 때도 플래너의 기록을 토대로 쉽게 쓸 수 있었다고 밝혔다.

가장 인기있는 영어강사인 이보영 씨도 주부로, 또 방송인으로 활동하면서 복잡한 역할과 시간계획을 플래너를 통해 관리하는 플래너 마니아다. 실제로 영어실력을 향상시키기 위한 공부계획을 세울 때 플래너를 사용할 것을 권하고 있다.

파이브 파이브, 텐 텐! (5-5, 10-10)

시너지는 상호의존적인 현실에서 작용하는 효과성이다.
즉, 팀워크이고, 팀 형성이며, 나아가 다른 사람들과 융화하여 뜻 있는 일을 하는 것이다.

습관 6. 시너지를 내라

한국리더십센터의 핵심 목표는 흔히 "파이브 파이브, 텐 텐"이라는 구호로 집약된다.

2005년까지 전 국민의 5%에게, 2010년까지는 전 국민의 10%에게 KLC의 교육프로그램이나 플래너를 알리고 전파하자는 목표이다. 전체 인구를 5,000만 명으로 설정했을 때 5%면 250만 명, 10%면 500만 명에게 전파해야 한다는 계산이다.

KLC인들은 이것을 상징적인 구호로 치부하지 않는다. 실제 실현해야 하고, 또 실현 가능한 목표로 알고 수치로 치밀하게 관리해 나가고 있다. 그것이 바로 가장 중요한 목표, 즉 WIG(Wildly Important Goal)이고, 매주 월요회의에서 전직원이 주간단위로 그 달성현황을 체크하고 있다. 이러한 노력의 일환으로 NGO에 대한 교육지원은 물론이고, 사회 각계각층에 대한 다양한 전파 노력을 시도하고 있다. 방

학기간을 이용한 주니어 리더십 워크숍, 혹은 대학생 집중 워크숍, 어린이 캠프와 결합한 리더십 강연이 있다.

또 '주니어 리더십 페스티벌'은 이제 연례행사로 자리 잡아 가고 있고 규모도 전국적인 행사로 확대됐다. 최근에는 사내에서 '성공 도와주기' 과정을 시리즈로 개발하여 세븐해빗 과정의 핵심철학을 더 다양한 계층에게 더 저렴한 비용으로 널리 소개하는 노력을 기울이고 있다.

KLC의 이 같은 '교육 나눔 운동'은 세븐해빗의 윈-윈(win-win) 정신을 생활 속에서 실천하고자 노력하는 마니아들 즉 이상한 고객들이 존재하기 때문에 가능한 일이다. 누가 억지로 하라고 해서 하는 것이 아니기에, 결코 그치지 않는 하나의 흐름이 될 것이라는 확신을 갖게 해준다.

KLC의 사명을 자신의 사명처럼 이해하고 전파하고자 하는 이상한 고객들이 늘어나는 이상 5 · 5 · 10 · 10의 비전이 완벽하게 달성되리라 믿어 의심치 않는다.

한국리더십센터는 원칙중심의 리더십을 전파하여 개인과 기업의 성공을 돕기 위해 1994년 10월 1일에 출범한 기업교육 전문기관이며 미국 프랭클린 코비 사(FranklinCovey Co.)의 한국 파트너입니다. 전임교수진들과 직원이 함께 '성공하는 리더들의 7가지 습관', '성공하는 리더들의 4가지 역할', '프로젝트 매니지먼트' 등 세계적으로 인정받은 교육 프로그램을 운영하고 있습니다.

프랭클린 코비 사는 전세계 48개국에 독립법인을 두었으며 미국 내 상근 직원의 수가 4,600여 명으로 기업의 문화와 생산성 향상을 위한 종합 솔루션을 제공하는 상장사입니다.

「포춘」지가 선정한 500대 기업 중 430여 기업이 프랭클린 코비 사의 솔루션을 전사적으로 도입할 뿐 아니라 미군교육기관과 행정부, 백악관과 대학, 중·고교와 사회교육단체까지 전파되고 있습니다.

지금까지 11년 동안 한국리더십센터의 교육 프로그램은 이미 국내외 12만여 명의 인원이 참석했으며, 최소 두 달 이상 참가를 희망하는 분들이 대기할 정도로 인기를 얻고 있습니다.

삼성, LG, 현대, SK, 포스코, 유한킴벌리, KT, KTF 등 대기업은 물론 IBM, City Bank, HP, 3M, 리츠칼튼호텔, 코카콜라, 오라클, 맥도날드, 모토로라, 듀폰 등 다국적 기업과 삼보, 로커스, 오라클 등 IT업체들이 사내(라이센스) 과정으로 워크숍을 진행하였습니다. 또한 중앙일보사, SBS, 한국경제신문사, 한겨레신문사 등 언론사의 사내교육으로 도입되었고 국회, 청와대 경호실, 한국전력공사, 한국방송광고공사, 농업기반공사 등 공기업과 육군, 공군의 군장성 및 리더십 교관에 대한 교육 프로그램으로 채택되었습니다.

아울러 대덕대, 대전보건대, 서울대, 숙명여대, 카이스트(KAIST), 탐라대, 포항공대, 한국사이버대, 한라대 등의 대학교들과 대학교육협의회를 통한 총장 교육과정과 중·고교 및 각종 사회교육원에까지 확대되고 있습니다.

이밖에 '아름다운 가게/재단', '참여연대', '녹색연합', '총선시민연대'를 비롯해 여러 시민단체 리더들의 리더십 향상 교육 과정으로 운영되었고, 많은 중소기업과 벤처기업들이 조직문화 혁신과 생산성 향상을 위한 교육과정으로 도입하고 있습니다.

한국리더십센터는 국민 개개인과 조직은 물론 사회 전체가 과거의 관행과 폐단에서 벗어나 원칙(principles) 중심의 리더십을 발휘하여 더욱 행복하고 건강해지도록 노력하고 있습니다. 가르치는 것을 실천하여 스스로 성공함으로써 고객의 성공을 돕는 기업으로 성장하겠습니다. 교육이 더 이상 비용이 아니라 변혁의 시대에 가장 필요한 투자임을 확신시켜 드리는 한국리더십센터와 상의하십시오. 개인과 조직의 성공을 도와드리겠습니다.

우리는 이상한 회사에 다닌다

초판 **1쇄** 2005년 4월 30일
      3쇄 2010년 5월 10일

엮은이 남동희   **펴낸이** 김석규   **펴낸곳** 매경출판(주)
등 록 2003년 4월 24일 (NO. 2-3759)
주 소 우) 100-728 서울 중구 필동 1가 30번지 매경미디어센터 9층
전 화 02) 2000-2610 (출판팀) 02) 2000-2636 (영업팀)
팩 스 02) 2000-2609   **이메일** publish@mk.co.kr
인쇄·제본 (주)M-print 031)8071-0961

ISBN 89-7442-321-9
값 10,000원